De Wetenschap om Rijk te worden

Wallace Delois Wattles

Ingeleid en vertaald door:
R. Breuer$^©$

AF191510

www.ruthbreuer.com

© 2005 Ruth Breuer
Verlag   : Verlag Thorsten Weiss, Stuttgart
Herstellung   : Books on Demand GmbH, Norderstedt
ISBN   : 978-3-943530-29-2

Inhoud :

Inleiding

Wallace Delois Wattles leefde in de Verenigde Staten van 1860 tot 1911. We weten niet veel over zijn persoonlijke leven. Na aanvankelijk veel tegenslagen en armoede te hebben ervaren had hij de kracht zijn leven drastisch ten goede te veranderen. Deze verandering kwam na een diepgaande spirituele zoektocht in zowel het Christendom als de Vedanta-leer. Ook bestudeerde hij Westerse filosofen als Descartes, Spinoza, Leibnitz, Schopenhauer en Emerson.

Dankzij het feit dat hij zijn spirituele inzichten in zijn eigen leven toepaste, was hij in staat vele mensen te helpen. Ware kennis wordt door de toepassing ervan herkend, omdat juist de toepassing kennis levend, krachtig en toegankelijk maakt. Zijn boeken worden tegenwoordig over de gehele wereld gelezen.

"De wetenschap om rijk te worden" kan op vele niveaus begrepen worden. Op het materiële vlak helpt het een mens op weg om meer welvaart in zijn leven te krijgen. Terecht schrijft Wattles dat er op elk niveau, en zeker ook op het materiële niveau, wetten gelden en dat het verlangen om rijkdom allereerst op dat vlak te willen ervaren begrijpelijk en juist is. Het is voor de meeste van ons niet meer dan natuurlijk dat we eerst verlangen behoorlijk te kunnen eten en drinken, behoorlijk te wonen en in een veilige samenleving te kunnen wonen, alvorens wij eventueel belangstelling krijgen om rijkdom op een andere manier te gaan ervaren. De wetten die ten grondslag liggen aan rijk worden op materieel niveau die Wattles beschrijft, zijn echter universeel zodat de mogelijkheid om rijkdom op diepere niveaus te ervaren in de praktijk ontstaat.

Wensen en verlangens

Zolang we nog kleine kinderen zijn, uiten we onze verlangens zonder schuldgevoelens, maar zodra we volwassen beginnen te worden schamen we ons vaak voor onze verlangens. Veel mensen denken dat het spiritueel dan wel religieus correct is om geen verlangens te hebben.

Het is zeker waar dat in de spirituele geschriften geschreven staat dat alleen een mens zonder wensen en verlangens echt in vrede met zichzelf en de wereld kan zijn en zijn ware Zelf kan kennen, maar dat is echter een ontkenning van onze huidige toestand, en daarmee een houding die ons niet in het moment van Nu laat zijn.

Op dit moment hebben we wensen, en deze wensen geven ons leven vorm. Alleen door de vervulling van een wens kun je de werkelijkheid ervan leren kennen en je ervaring van het leven verdiepen. Het is een natuurlijk gegeven dat in harmonie met het leven zelf is. Daarom is het goed om te onderzoeken hoe wensen het best tot uitdrukking gebracht kunnen worden.

Aan elke wens ligt in feite die ene diepe wens ten grondslag, namelijk het kennen van ons diepste wezen, en daarmee de ervaring van de totaliteit van al het leven, het pure Zijn. Maar onze wensen en verlangens zijn voor het grootste deel onbewust. We uiten ze voortdurend door de combinatie van onze gedachten, onze gevoelens en ons specifieke geloof in het leven. Omdat onze wensen en verlangens voor het grootste deel onbewust en vaak ook tegenstrijdig zijn, is ook ons leven voor het grootste deel onbewust en tegenstrijdig. Als gevolg hiervan zijn we vaak overrompeld, verbaasd, ongelukkig en ontevreden met het resultaat.

In plaats van een voortdurende transformatie waarin we onze wensen als een spel zien om het echte Zelf te leren kennen en tot uitdrukking te kunnen brengen, raken we meer en meer verstrikt in onze verlangens en de gevolgen die ze in ons leven hebben.

We kunnen leren om onze wensen onder ogen te zien en op zo'n wijze met onze wensen om te gaan dat ze in overeenstemming zijn met de universele wetten van het leven. Hoe minder we afhankelijk zijn van het resultaat van een wens, hoe meer we verbonden zijn met al het leven en hoe meer we kunnen ervaren dat elke toestand van vervulde of nog onvervulde wensen in wezen even vreugdevol kan zijn.

Vrijheid
Als we uit de onbewuste staat zijn gekomen, waarin we het leven alleen kunnen ervaren alsof het ons overkomt en we beginnen te ontdekken dat we het leven met onze gedachten, gevoelens, handelingen en geloof zelf creëren, zouden we kunnen gaan denken dat we hiermee persoonlijke vrijheid gewonnen hebben. Dit is echter niet zo. Zolang we nog gebonden zijn aan het verlangen om onze wensen in vervulling te laten gaan, gebonden aan het resultaat van het wel of niet uitkomen van deze wensen en verlangens, zijn we nog niet vrij.

Pas op het moment dat we altijd vreugdevol kunnen zijn, totaal onafhankelijk van onze wensen en ook weten dat er eigenlijk nooit een tekort is omdat datgene wat we ons wensen er in essentie al is, zijn we werkelijk vrij. In deze vrijheid zijn we in volkomen overeenstemming met de natuurlijke uiting van het leven, of dat nu in de schepping of voorbij de schepping is.

In de Christelijke traditie is dit een staat waarin men vanuit het diepst van zijn wezen kan zeggen: "Uw wil geschiede". Daarom is het van groot belang dat we, zolang we nog gebonden zijn aan onze wensen en verlangens en we dus nog niet werkelijk vrij zijn, leren om onze wensen in overeenstemming met de universele wetten te uiten. Alleen dan krijgen we de gelegenheid om onze diepste wens op de meest directe manier te leren uiten en werkelijk vrij te kunnen zijn.

Loslaten
In het proces om rijk te worden dat Wattles beschrijft, benadrukt hij het absolute vertrouwen in God en de diepe staat van dankbaarheid voor het leven, waarin we moeten verkeren, om te kunnen ontvangen. Laten we dit nog eens benadrukken door er het volgende aan toe te voegen. Dankbaarheid en vertrouwen zijn uitingen van ons vermogen om het proces uit handen te geven, het los te laten.

Het is niet aan ons om de schepping te ontvouwen. De enige werkelijke taak die we hebben is onze ware staat te ontdekken en te beleven in elke denkbare toestand die het leven voor ons ontvouwt. Als we onze wens in overgave kunnen loslaten, stellen we het leven in staat zich ongehinderd te uiten. We kunnen vanuit een steeds dieper niveau leren toekijken op het leven. Het diepste niveau van waaruit we kunnen ervaren is in verbinding en eenheid met God, de Essentie. We zijn op dat moment helemaal verbonden met vreugde, welzijn en overvloed. We kunnen dan dankbaar zijn en vertrouwen hebben in ons leven. Ons leven dat vorm krijgt door onze wensen, verlangens, gevoelens handelingen en gedachten.

In deze staat van verbinding leunen we niet passief achterover maar doen we juist precies wat er gedaan moet worden omdat we dan in staat zijn om op onszelf toe te kijken en te zien dat het leven groeit, ontwikkelt en steeds verandert en dat wij daar een onlosmakelijk deel van zijn. Werkelijk toekijken is vanuit het perspectief van de Essentie volkomen deelnemen aan de schepping, dat schitterende en onbegrijpelijke wonder dat ontstaat omdat het leven zichzelf openbaart om zichzelf te kennen en zichzelf te Zijn.

Om het gehele leven te kunnen beleven moeten we onze poging om controle en invloed te hebben op 'het zichtbare leven' opgeven. Zodra we dankbaarheid tonen voor dat wat we al ontvangen hebben, en vertrouwen hebben in dat wat gaat komen laten we zien dat we deze controle hebben opgegeven.

Wij zijn in een ondeelbare eenheid met de schepping en het leven, daarom zullen we altijd wensen en verlangens hebben, dit hoort immers bij de ontvouwing van de schepping. De vervulling en vormgeving van onze wensen is niet aan ons maar is de werking van God, de Essentie. Ons aandeel is ontvangen en beleven. Hiervoor moeten we open zijn. We kunnen open zijn door los te laten. Wat laten we los? Ons idee dat wij het zijn die alles moeten doen, dat er niet genoeg is, dat de schepping onvolmaakt is, kortom alle ideeën die ons beperken en dicht maken. Hoe laten we los? door dankbaar te zijn, vertrouwen te hebben en ons te richten op datgene in ons leven wat ons open maakt, wat ons vreugde, welzijn en geluk geeft. Uit deze staat komt een vanzelfsprekend voelen, denken en handelen van waaruit de gewenste manifestatie in ons leven komt. Voor iedereen is dat anders. We kunnen daarom alleen zelf weten hoe we open kunnen zijn en de weg van anderen respecteren.

Met de vertaling van deze heldere toelichting op de universele wetten, die onze wensen doen uitkomen en ons uiteindelijk leiden naar een staat waarin we zonder wensen volledig kunnen deelnemen aan het leven, wens ik de lezer veel vreugde, inzicht en geluk!

Ruth Breuer

Voorwoord

Dit boek is praktisch, niet filosofisch; een praktische handleiding, geen theoretische verhandeling. Het is bedoeld voor mensen wier dringende behoefte het is om geld te krijgen, die eerst rijk willen worden en daarna willen filosoferen. Het is voor die mensen die tot dusver niet de tijd, mogelijkheden of gelegenheid hadden om zich intensief met een metafysische studie bezig te houden maar die wel resultaten willen, en bereid zijn de conclusies van een wetenschap als basis voor hun handelen te nemen, zonder door alle processen heen te gaan waardoor die conclusies bereikt zijn.

Er wordt van uitgegaan dat de lezer de basisuitspraken op geloof aanneemt, net zoals hij uitspraken betreffende een wet over de werking van elektriciteit, bekendgemaakt door Marconi of Edison, ook op geloof zou aannemen. En door deze uitspraken op geloof aan te nemen, deze ook zal bewijzen door er zonder angst of aarzeling naar te handelen.

Ieder mens die dit doet zal zeker rijk worden; omdat de wetenschap die hierover gaat een exacte wetenschap is en mislukking uitgesloten is. Terwille van mensen die filosofische theorieën willen onderzoeken om zo een logische basis te leggen voor hun geloof zal ik hier enkele autoriteiten citeren.

De monistische theorie van het universum, de theorie dat één alles is, en alles één is, dat één substantie zichzelf manifesteert als schijnbaar vele vormen en elementen van deze materiële wereld, is van

Hindoe origine, en heeft zich geleidelijk aan, de laatste tweehonderd jaar, in onze westerse denkwereld verspreid. Dit is de basis/het fundament van alle oosterse filosofieën en van filosofen als Descartes, Spinoza, Leibnitz, Schopenhauer, Hegel en Emerson. De lezer die naar de filosofische basis hiervan op zoek is, wordt geadviseerd Hegel en Emerson zelf te lezen.

Bij het schrijven van dit boek heb ik alle overwegingen, met uitzondering van eenvoud en een simpele stijl, laten vallen zodat iedereen het kan begrijpen.

De methode die hier wordt beschreven is afgeleid van filosofische conclusies, ze is grondig getest, en doorstaat de ultieme test van het praktische experiment; het werkt. Als u wilt weten hoe de conclusies bereikt zijn, lees dan de werken van bovengenoemde auteurs, en als u de vruchten van hun filosofie in de praktijk wilt plukken, lees dan dit boek en doe precies wat het boek zegt.

Wallace Delois Wattles

Hoofdstuk 1

Het recht om rijk te zijn

Wat er ook gezegd mag worden om armoede te prijzen, het feit dat het niet mogelijk is een werkelijk succesvol leven te leiden als men niet rijk is, blijft bestaan. Geen enkel mens kan zich werkelijk ten volle ontplooien op spiritueel gebied, of zijn talenten helemaal ontwikkelen, als hij niet in het bezit is van overvloedig geld. Om zijn ziel en zijn talenten te ontplooien heeft een mens veel dingen nodig. Hij kan deze dingen niet bezitten zonder veel geld, om daarmee te kopen wat hij nodig heeft.

Een mens ontwikkelt geest, ziel en lichaam door gebruik te maken van dingen, en de maatschappij is zo georganiseerd dat een mens geld moet hebben om dingen te kunnen bezitten. Daarom moet de basis van alle vooruitgang voor de mens zijn de wetenschap om rijk te worden.

Het doel van al het leven is ontwikkeling, en alles wat leeft heeft een onvervreemdbaar recht op alle ontwikkeling waartoe het in staat is. Het recht van de mens om te leven betekent het recht om vrij en onbeperkt gebruik te maken van alle dingen die nodig zijn om tot de hoogste uiting te komen van spirituele, mentale en fysieke ontplooiing, met andere woorden: het recht om rijk te zijn.

Ik zal in dit boek niet op een figuurlijke manier over rijkdom spreken, werkelijk rijk zijn betekent niet genoegen nemen met een beetje. Geen mens zou tevreden moeten zijn met een beetje als hij in staat is om meer te gebruiken en van meer te genieten. De bedoeling van de Natuur is de vooruitgang en ontwikkeling van leven en ieder mens zou alles moeten bezitten wat leidt tot de kracht, elegantie, schoonheid en rijkdom van het leven. Het is zonde om met minder tevreden te zijn. De mens die alles bezit om het leven te leiden waartoe hij in staat is, is rijk en geen mens kan hebben wat hij wil zonder genoeg geld te bezitten. Het leven is zover ontwikkeld en zo gecompliceerd geworden dat zelfs de meest gewone man of vrouw in grote welstand moet leven om het leven te leiden dat zelfs maar aan een volwaardig bestaan kan tippen. Iedereen wil van nature alles worden waartoe hij in staat is. Dit verlangen is inherent aan de menselijke natuur. We kunnen het niet helpen dat we het verlangen hebben alles te willen zijn wat we kunnen zijn. Succes in het leven is worden wat je wilt zijn en dit kan alleen door van dingen gebruik te maken. En je kunt alleen gebruik maken van dingen als je rijk genoeg bent om ze te kopen.

De wetenschap om rijk te worden is daarom de meest essentiële kennis die er is. Er is niets mis aan het verlangen om rijk te zijn. Rijk willen zijn is niets anders dan het verlangen naar een rijker, voller en overvloediger leven en dat verlangen is prijzenswaardig. De mens die geen verlangen heeft om uitbundiger te leven is abnormaal, en de mens die geen verlangen heeft om zoveel geld te hebben om alles te kunnen kopen, is ook abnormaal.

Er zijn drie redenen waarvoor we leven. We leven voor het lichaam, we leven voor de geest en we leven voor de ziel. Geen enkele van deze is belangrijker dan de andere, ze zijn allemaal even begeerlijk, en geen van de drie kan tot volle wasdom komen als een van de andere niet volledig verwerkelijkt wordt. Het is niet juist of nobel om alleen voor de ziel te leven, en lichaam en geest te ontkennen. Het is ook verkeerd om alleen voor het intellect te leven, en lichaam en ziel te ontkennen. We zijn allemaal bekend met de kwalijke resultaten van het ontkennen van geest en ziel en alleen voor het lichaam te leven, en we zien dat echt leven betekent het volledig uiten van alles waartoe een mens via lichaam, geest en ziel in staat is. Wat iemand ook zegt, geen mens kan echt gelukkig of tevreden zijn tenzij zijn lichaam volledig gezond functioneert, en ditzelfde geldt ook voor zijn geest en ziel. Als er op welk gebied ook maar een niet geuite mogelijkheid is, of een functie niet gebruikt wordt, is daar een onbevredigd verlangen. Verlangen is een mogelijkheid die zich wil uiten, of een functie die toepassing zoekt.

Een mens kan niet volledig in zijn lichaam bestaan zonder goede voeding, passende kleding, warme beschutting, en zonder de moeite om niet steeds te moeten ploeteren en zorgen. Rust en ontspanning zijn ook nodig in het fysieke leven.

Hij kan niet volledig geestelijk leven zonder boeken, en de tijd om ze te lezen en te bestuderen, zonder de gelegenheid om te reizen en te observeren, zonder intellectuele relaties. Om volledig geestelijk te leven heeft hij geestelijke ontspanning nodig, en moet hij zich omringen met alle kunstobjecten en schoonheid die hij zich maar kan veroorloven en die hij kan waarderen.

Om volledig de ziel te beleven, moet een mens lief kunnen hebben, en liefde kan zich niet uiten in armoede. De diepste vreugde van een mens vindt hij in schenken van al het goede aan zijn geliefden. Liefde wordt het meest spontaan geuit in het schenken. De man die niets te schenken heeft, kan zijn plaats als echtgenoot, vader, burger of man niet invullen. Door het gebruik van materiële zaken ervaart een mens een volledig beleven van het lichaam, ontwikkelt hij zijn geest en ontdekt hij zijn ziel. Daarom is het van veel belang dat hij rijk is.

Het is zeker waar dat het verlangen om rijk te zijn bestaat. Een normale man of vrouw kan het niet helpen dit verlangen te kennen. Het is absoluut juist om je volledige aandacht te richten op de wetenschap om rijk te worden, want het is de edelste en nuttigste studie die er bestaat.

Als je deze studie negeert, verwaarloos je de plicht tot jezelf, God en de mensheid, want je kunt God en de mensheid geen grotere dienst bewijzen dan je zelf totaal te ontplooien.

Hoofdstuk 2

Er is een wetenschap om rijk te worden

Er is een wetenschap om rijk te worden, net zoals voor algebra of aritmetica. Er zijn bepaalde wetten die het proces om rijkdom te vergaren besturen. Als deze wetten door welk mens ook, zijn geleerd en als er aan wordt gehoorzaamd, zal hij met wiskundige zekerheid rijk worden.

Het bezit van geld en goederen komt voort uit het resultaat van 'handelen op de juiste manier'. Zij die handelen op 'de juiste manier', bij toeval of bewust, worden rijk, terwijl zij die niet op 'de juiste manier' handelen, hoe hard ze ook werken of hoe capabel ze ook zijn, arm zullen blijven.

Het is een natuurlijke wet dat gelijke oorzaken gelijke resultaten aantrekken, en daarom zal elke man of vrouw die 'op de juiste manier leert handelen', zonder uitzondering rijk worden. Dat het bovenstaande waar is kunnen we zien aan de volgende feiten:

Rijk worden komt niet door de omgeving, als dat zo zou zijn zouden alle mensen in een bepaalde buurt rijk worden, de mensen uit één stad zouden allen rijk zijn, terwijl mensen uit andere steden allemaal arm zouden zijn. Of de inwoners uit één staat zouden zich in rijkdom wentelen, terwijl die in de naast liggende staat allen arm zouden zijn. Maar overal zien we arm en rijk zij aan zij leven in dezelfde omgeving en vaak met dezelfde bezigheden. Als twee mensen in dezelfde omgeving wonen en hetzelfde werk doen en de ene is rijk en de andere blijft arm, dan laat dit ons zien dat de oorzaak van rijk worden niet in de eerste plaats aan de omgeving ligt. In bepaalde plaatsen is de situatie gunstiger dan in andere, maar als twee mensen in dezelfde omgeving wonen en met hetzelfde werk bezig zijn en de een wordt rijk en de ander niet, dan is het rijk worden van de een het resultaat van 'handelen op de juiste manier'.

Verder is de mogelijkheid om op de juiste manier te handelen niet alleen afhankelijk van het bezit van talent, want veel mensen die zeer talentvol zijn blijven arm, terwijl anderen die weinig talent hebben, rijk worden.

Als we de mensen bestuderen die rijk zijn geworden zullen we ontdekken dat zij, met alle respect, gewone gemiddelde burgers zijn, en niet in het bezit zijn van meer of grotere talenten dan anderen. Het is duidelijk dat zij niet rijk worden omdat zij talenten en mogelijkheden hebben die anderen niet hebben, maar omdat zij 'op de juiste manier handelen'.

Rijk worden is niet het resultaat van sparen of zuinig zijn, veel gierige mensen zijn arm, terwijl mensen die 'geld laten rollen' juist rijk worden. Rijk worden is ook geen kwestie van dingen doen die anderen nalaten te doen, want van twee mensen die in dezelfde handel zitten en haast precies hetzelfde doen, wordt de één rijk terwijl de andere arm blijft of zelfs failliet gaat. Door al deze voorbeelden moeten we tot de conclusie komen dat rijk worden een kwestie is van 'op de juiste manier te handelen'.

Als rijk worden een kwestie is van 'op de juiste manier handelen', en als het gelijke het gelijke voortbrengt, dan kan elke man of vrouw die op deze manier handelt rijk worden, en is de hele zaak binnen het domein van de exacte wetenschap te brengen.

De vraag rijst of 'handelen op de juiste manier' zo moeilijk is dat maar weinigen dit kunnen doen. Als we kijken naar het natuurlijk vermogen aan talenten kan dit niet waar zijn. Begaafde mensen worden rijk en domkoppen worden rijk, intellectueel begaafde mensen worden rijk en erg domme mensen worden rijk. Fysiek sterke mensen worden rijk en zwakke en zieke mensen worden rijk. Enig vermogen om na te denken en dingen te begrijpen is natuurlijk nodig, maar wat betreft natuurlijk vermogen is het zo dat iedere man of vrouw die in staat is om te lezen en deze woorden te begrijpen, zeker rijk kan worden.

We hebben ook gezien dat het geen kwestie van omgeving is. De juiste plaats is wel belangrijk; in het midden van de Sahara kan men niet verwachten succesvolle zaken te doen. Rijk worden heeft te maken met de noodzakelijkheid om met mensen om te gaan, en om daar te zijn waar ook mensen zijn om mee te handelen, en als deze mensen bereid zijn te handelen op zo'n manier die gunstig voor je is, des te beter. Tot zover reikt de noodzaak van een goede omgeving. Als iemand in de stad rijk kan worden, kun jij het ook, en als iemand in jouw land rijk kan worden, dan kun jij het ook.

Nogmaals, het is niet een kwestie van een specifieke handel of een specifiek beroep. Mensen kunnen met elke handel of in elk beroep rijk worden, terwijl hun naaste buren die precies het zelfde doen arm blijven.

Het is waar dat je het goed zult doen met werk waar je van houdt, of met handel die je ligt. En als je bepaalde talenten hebt die goed zijn ontwikkeld zal je het goed doen in werk waarin deze talenten te pas komen.

Je zult het ook goed doen in werk dat geschikt is voor je omgeving. Een ijssalon zal het in een warm klimaat beter doen dan op Groenland, en een zalmvisserij doet het beter in het noord-westen van Amerika dan in Florida, waar geen zalm leeft.

Maar apart van deze algemene beperkingen is rijk worden niet afhankelijk van een specifiek beroep of werk, maar van het leren om 'de juiste manier te handelen'. Als je op dit moment bepaalde zaken doet en er niet rijk van wordt, en iemand anders in je omgeving doet dezelfde zaken en wordt wel rijk, dan is het omdat die persoon wel 'op de juiste manier handelt', en jij niet.

Niemand wordt er van weerhouden om rijk te worden door gebrek aan kapitaal. Het is waar dat als je kapitaal bezit, het zich sneller en makkelijker vermeerdert, maar iemand die al kapitaal heeft is al rijk en hoeft zich er niet over te bekommeren rijk te worden. Het maakt niet uit hoe arm je bent, als je begint met 'op de juiste manier te handelen' zal je rijk worden, en zal je kapitaal gaan krijgen.

Het verkrijgen van kapitaal hoort bij het proces van rijk worden en maakt deel uit van het resultaat dat onveranderlijk volgt op 'handelen op de juiste manier'. Je kunt de armste man van het land zijn, en diep in de schulden zitten, je kunt noch vrienden, noch invloed, noch vermogen hebben, maar als je 'op de juiste manier gaat handelen' moet je onvermijdelijk rijk beginnen te worden, omdat gelijke oorzaken gelijke gevolgen hebben. Als je geen kapitaal hebt, kun je kapitaal krijgen, als je verkeerd werk hebt kun je het juiste werk krijgen, zit je op de verkeerde plaats dan kun je op de juiste plaats komen.

Je kunt ermee beginnen om vanuit je huidige situatie, je huidige werk, in je huidige omstandigheid te beginnen met 'te handelen op de juiste manier', en dit roept succes op.

Hoofdstuk 3

Is kans gemonopoliseerd?

Geen mens wordt arm gehouden door gebrek aan een kans, omdat andere mensen rijkdom hebben gemonopoliseerd en deze hebben afgesloten. Je kunt dan wel afgesloten zijn van sommige mogelijkheden, maar andere kanalen staan nog voor je open. Het zal waarschijnlijk moeilijk voor je zijn om iets voor elkaar te krijgen in de spoorwegen want dat gebied is vrijwel gemonopoliseerd. Maar de elektrische spoorwegen staan nog in hun kinderschoenen en bieden genoeg gelegenheid tot onderneming. Het zal niet lang meer duren tot het vervoeren en reizen in de lucht een grote business gaat worden, en alle verschillende sectoren werk zullen geven aan honderdduizenden, misschien miljoenen mensen. Waarom zou je je aandacht niet richten op de ontwikkeling van luchtverkeer in plaats met J.J. Hill en anderen te moeten concurreren om een plekje in het stoomtreinverkeer?

Het is volstrekt juist dat je als werknemer in een grote staalfabriek, weinig kans maakt de eigenaar van die fabriek te worden, maar het is ook waar dat als je begint 'te handelen op de juiste manier' je binnen korte tijd de staalfabriek kunt gaan verlaten. Je kunt misschien een boerderij met een stuk land van tussen de tien tot veertig hectare kopen en handelen als een producent van levensmiddelen. Er zijn grote kansen voor mensen die een stuk land intensief bewerken, zulke mensen zullen zeker rijk worden. Je zult misschien zeggen dat het onmogelijk is om zo'n stuk land te kopen, maar ik zal je bewijzen dat dat niet zo is, en dat het zeker is dat je die boerderij kunt gaan kopen als je gaat 'handelen op de juiste manier'.

In verschillende tijden zijn er verschillende mogelijkheden, afhankelijk van de noden van iedereen en de specifieke staat van sociale evolutie die is bereikt. Op dit moment neigen de mogelijkheden in Amerika naar landbouw en de verenigde industrieën en beroepen. Tegenwoordig zijn er mogelijkheden open voor de fabrieksarbeider aan de lopende band. Er zijn mogelijkheden voor de zakenman die de boer bevoorraadt, meer nog dan voor degene die de fabrieksarbeider bevoorraadt. Er zijn meer mogelijkheden voor degene die de boeren bedient, dan voor degene die de werkende klasse bevoorraadt. Er is een zee van mogelijkheden voor de mens die met de stroom meegaat, in plaats van voor de mens die tegen het tij in wil zwemmen.

De fabrieksarbeiders zijn dus niet benadeeld, noch als klasse, noch als individuen. De arbeiders worden door hun bazen niet 'klein gehouden', noch worden zij 'laag' gehouden door de grote ondernemingen en het grote kapitaal. Als klasse zijn ze waar ze zijn omdat ze niet 'op de juiste manier handelen'. Als de arbeiders van Amerika er voor zouden kiezen om dat wel te doen zouden zij het voorbeeld van hun broeders in België en andere landen navolgen en grote winkels en coöperatieve industrieën oprichten. Ze zouden mensen uit hun eigen klasse kunnen verkiezen in de regering, en wetten maken die deze nieuwe coöperatieve industrieën en instellingen in het leven zouden kunnen roepen en beschermen, zodat ze in een paar jaar tijd vreedzaam bezit zouden kunnen nemen van de industriële sector.

De werkende klasse kan op ieder moment de heersende klasse worden, zodra zij begint 'op een de juiste manier te handelen'. De wet van overvloed is hetzelfde voor iedereen. Dit is wat ze moeten leren, en ze zullen blijven waar ze zijn, zolang ze op dezelfde voet doorgaan met handelen. De individuele arbeider wordt echter niet in onwetendheid gehouden door de mentale traagheid van zijn klasse, hij kan zich naar de mogelijkheden om rijk te worden richten. Dit boek zal hem vertellen hoe.

Niemand wordt in armoede gehouden door gebrek aan overvloed, er is meer dan genoeg voor iedereen. Er kan een paleis zo groot als het Capitool in Washington gebouwd worden voor iedere familie op aarde van het bouwmateriaal in Amerika alleen al. En door intensieve landbouw zou dit land wol, katoen, linnen en zijde kunnen verbouwen om iedere persoon op aarde mooier aan te kleden dan Salomon in al zijn heerlijkheid, en genoeg voedsel om iedereen overvloedig te eten te geven.

De zichtbare voorraad is praktisch onuitputtelijk, en de onzichtbare voorraad is onuitputtelijk. Alles wat je op aarde ziet is gemaakt van één oorspronkelijke substantie waaruit alle dingen ontstaan.

Nieuwe vormen ontstaan voortdurend en oudere verdwijnen, maar alles komt voort uit Eén Substantie. Er komt geen einde aan de bevoorrading van de vormloze substantie, oftewel Oorspronkelijke Substantie. Het universum is er van gemaakt, maar niet alles is gebrúikt om het universum te maken. De ruimtes tussen en door de vormen van het zichtbare universum heen, zijn er van doordrongen, en opgevuld met de Oorspronkelijke

Substantie, met de vormloze stof, met het oermateriaal van alle dingen. Tienduizend maal zoveel als gemaakt is, kan gemaakt worden, en dan nog hebben we de voorraad van het universele oermateriaal niet uitgeput.

Daarom is een man niet arm omdat de natuur arm zou zijn, er is meer dan genoeg. De natuur is een onuitputtelijke bron van overvloed, de voorraad zal nooit uitgeput raken. De Oorspronkelijke Substantie is vol creatieve energie en produceert voortdurend nieuwe vormen. Als de bodem uitgeput is geraakt zodat er geen voedsel meer groeit en er geen materiaal meer is om kleding te maken dan zal de bodem weer vruchtbaar gemaakt worden, of er komen nieuwe mogelijkheden. Als alle goud en zilver uit de aarde is ontgonnen zal er meer uit de Vormloze Substantie gemaakt worden, zolang de mens nog in zo'n stadium van sociale ontwikkeling is dat hij denkt dat nodig te hebben.

De Oorspronkelijke Substantie reageert op de noden en behoeften van de mens, het laat hem niet zonder al het goede wat hij nodig heeft.

Dit is de waarheid over de mensheid. Het menselijk ras als een geheel is altijd overvloedig rijk, als individuen arm zijn, is dat te wijten aan het feit dat ze niet op 'de juiste manier' leven, de weg die de individuele man rijk maakt.

De Oorspronkelijke Substantie is intelligent, levend en 'denkend', altijd gericht op de groei van leven. Het is de natuurlijke en vanzelfsprekende impuls van het leven om gericht te zijn op nieuw leven. Het is de aard van intelligentie om zich te vermeerderen, en van bewustzijn om steeds zijn grenzen op te zoeken en zich zo vollediger te kunnen uiten. Het universum dat uit vormen bestaat is ontstaan en gemaakt van de Oorspronkelijke Substantie, de Vormloze Levende Substantie, die vormen produceert om zichzelf volledig te uiten. Het universum is een grote Levende Aanwezigheid, van nature altijd bewegend naar nog meer uitdrukking van leven en nog vollediger functioneren. De natuur is gevormd voor de vooruitgang van leven, de drijvende kracht is de vermeerdering van leven. Om deze reden is alles wat daar mogelijkerwijs aan kan bijdragen overvloedig voorradig, er kan geen gebrek zijn tenzij God zichzelf tegenspreekt en zijn eigen werk teniet doet.

Je wordt niet arm gehouden door gebrek aan aanwezigheid van rijkdom, dit is een feit, en even verder zal ik aantonen dat de bron van de Oorspronkelijke Substantie zelfs ter beschikking staat aan iedere man en vrouw die 'handelt en denkt op de juiste manier'.

Hoofdstuk vier

Het eerste principe in de wetenschap om rijk te worden

Het denken is de enige kracht die tastbare rijkdom uit de Oorspronkelijke Substantie kan voortbrengen. De stof waaruit alle dingen gemaakt zijn is een substantie die denkt, en de gedachte aan een vorm in deze substantie maakt deze vorm.

De Oorspronkelijke Substantie beweegt zich volgens zijn denken. Elke vorm en elk proces dat je in de natuur ziet is de zichtbare expressie van een gedachte in de Oorspronkelijk Substantie. Zodra de Vormloze Substantie een vorm denkt, neemt het deze vorm aan, zodra het een beweging denkt, vindt deze beweging plaats. Dit is de manier waarop alle dingen zijn gecreëerd. We leven in een gedachtewereld, die deel is van een gedacht universum. De gedachte aan een bewegend universum breidde zich uit in de Vormloze Substantie, nam de vorm aan van een systeem van bewegende planeten, en houdt die vorm in stand. De Denkende Substantie neemt de vorm aan van zijn gedachten, en beweegt volgens die gedachten. Denkend aan de vorm van een langzaam groeiende Eik, beweegt het volgens deze gedachte, en vormt de Eik, hoewel eeuwen gemoeid gaan met dit proces.

In het creëren lijkt het dat de Vormloze Substantie zich beweegt volgens lijnen van beweging die het gevestigd heeft. De gedachte aan een Eik brengt niet plotseling een volgroeide Eik tot stand, maar het brengt wel die krachten in beweging die de boom gestalte geven, volgens gevestigde lijnen, een vast proces van groei. Elke gedachte aan groei vastgehouden in de Denkende Substantie veroorzaakt de creatie van die vorm, maar altijd, en dit in ieder geval in het algemeen, volgens lijnen van groei en actie die al gevestigd zijn.

Als de gedachte aan het bouwen van een bepaald huis wordt vast gehouden in de Vormloze Substantie zou dit niet direct tot gevolg hebben dat het huis er ogenblikkelijk staat, maar het zou de creatieve energieën in beweging zetten die al werken in de handel, bouw, enzovoort, en zo resulteren in de snelle bouw van dat huis. Als er geen bestaande kanalen zouden zijn, dan zou het huis direct uit de Oorspronkelijke Substantie ontstaan, zonder te wachten op het langzame proces van de organische en anorganische wereld.

Er kan geen gedachte zijn die in de Oorspronkelijke Substantie zijn stempel heeft gedrukt zonder dat deze gedachte gecreëerd wordt in de vorm.

De mens is een denkend wezen en kan gedachten voortbrengen. Alle vormen die de mens met zijn handen voortbrengt moeten eerst vorm aannemen in zijn gedachten. Hij kan niet vormen zonder dat ding eerst gedacht te hebben. En tot dusver heeft de mens zijn pogingen beperkt tot het werk met de handen, hij heeft zich tot handwerk beperkt in de wereld der vormen, om zo vormen die al bestaan te veranderen en te bewerken. Hij heeft nooit bewust geprobeerd om nieuwe vormen te creëren door gedachten in de Vormloze Substantie te projecteren.

Als de mens een 'gedachtevorm' heeft, zoekt hij materiaal uit de al bestaande vormen in de natuur en zet zo zijn 'gedachte' om in vorm. Hij heeft tot dusver geen of weinig gebruik gemaakt van de mogelijkheid om met de Vormloze Intelligentie samen te werken, om 'met de Vader te werken'. Hij heeft nog niet gedroomd dat hij 'kan doen wat hij de Vader ziet doen'. De mens herschept en verandert al bestaande vormen door met de handen te werken, hij heeft tot nu toe geen aandacht besteed aan het feit dat hij dingen kan maken door zijn gedachten te communiceren met de Vormloze Substantie.

Wij stellen voor om te bewijzen dat elke man en elke vrouw dit kan doen, en we zullen laten zien hoe. Als eerste stap zijn hier drie fundamentele stellingen.

Ten eerste nemen we aan dat er één oorspronkelijke vormloze substantie is, waar alle dingen van zijn gemaakt. Al de ogenschijnlijk verschillende elementen zijn in wezen verschillende verschijningen van één en hetzelfde element. Al de vele vormen in de organische en anorganische natuur zijn in verschillende vormen van dezelfde stof gemaakt. En deze substantie is 'denkende substantie'. Een gedachte die hierin wordt vastgehouden schept de vorm van die gedachte. Denken creëert vormen in deze Intelligente Substantie. Gedachten in de Denkende Substantie produceren vormen. De mens is een denkend wezen, in staat om oorspronkelijke gedachten te hebben. Als de mens zijn gedachten kan communiceren met de Oorspronkelijk Denkende Substantie kan hij creatie veroorzaken, of formatie, of datgene waaraan hij denkt. Om dit samen te vatten:

Er is een intelligente substantie van waaruit alle dingen zijn gemaakt, en die in zijn oorspronkelijke vorm het universum doordringt, en het hele universum vervult.

Een gedachte die in deze substantie wordt vastgehouden, produceert het ding dat door de gedachte is voorgesteld.

De mens kan zich in zijn gedachten dingen voorstellen, en door deze met zijn gedachten in de vormloze substantie in te prenten, veroorzaakt hij de vorm van deze gedachte.

Er kan me gevraagd worden of ik deze stellingen kan bewijzen, en zonder de details te geven kan ik zeggen dat ik het door middel van de rede, en door ervaring kan bewijzen. Terug redenerend vanuit het fenomeen van vorm en gedachte kom ik tot één oorspronkelijke intelligente substantie en vanuit deze denkende substantie redenerend kom ik tot de kracht van de mens om datgene tot stand te brengen waaraan hij denkt.

Door mijn eigen ervaring weet ik dat deze redenering juist is en dit is mijn sterkste bewijs. Als één man rijk wordt door dit boek te lezen, door te handelen zoals ik hem zeg te handelen, dan is dat bewijs in het voordeel van mijn stelling, maar als iedere man rijk wordt door te handelen zoals ik het hem vertel dan is dat een overtuigend bewijs, tot er iemand komt die door dit proces heen gaat en toch faalt. De theorie is waar, tot de methode faalt, maar dit proces faalt zeker niet omdat ieder mens die precies doet zoals ik het hem leer, rijk zal worden.

Ik heb gezegd dat mensen rijk kunnen worden door 'op de juiste manier te handelen'. En om dit te kunnen doen moeten ze eerst leren 'denken op de juiste manier'.

De manier waarop een mens handelt is het directe gevolg van de manier waarop hij denkt.

Om de dingen te doen op de manier die jij wilt doen zul je eerst op die manier moeten leren denken. Dit is de eerste stap op weg naar het rijk worden.

Om te denken zoals je wilt denken is het nodig om WAARHEID te denken, ongeacht dat wat zich aan je voordoet.

Elk mens heeft de natuurlijke en vanzelfsprekende kracht om te denken wat hij wil denken, maar het vereist heel wat meer inspanning om dit te doen ongeacht de gedachten aan de vormen die hij voor zich ziet. Om te denken volgens de vormen die je voor je ziet is makkelijk, maar om waarheid te denken, ongeacht de vormen die je voor je ziet, vereist veel werk en verbruikt meer kracht dan welk werk ook dat een mens gevraagd wordt te doen.

Er is geen arbeid waar mensen zo voor terugdeinzen als om aanhoudend en logisch te denken, dit is het zwaarste werk ter wereld. Dit is speciaal zo als de verschijning van een vorm tegengesteld is aan de waarheid.

Elke verschijning in de zichtbare wereld neigt ernaar een gelijke vorm te produceren in de geest die de verschijning observeert, dit kan alleen voorkomen worden door uitsluitend aan waarheid te denken.

Door naar een verschijningsvorm van ziekte te kijken, ontstaat er in je eigen geest een vorm van ziekte, en uiteindelijk ook in je lichaam, tenzij je met je gedachten in de waarheid blijft, en dat is dat er geen ziekte bestaat. Ziekte is alleen een verschijning, maar de waarheid is gezondheid.

Door naar de verschijningsvorm van armoede te kijken ontstaat er een vorm van armoede in je geest, en alleen als je met je geest in de waarheid blijft dat er geen armoede bestaat, is er overvloed.

Om gezondheid te denken terwijl je omringt bent met vormen van ziekte, of om rijkdom te denken als je temidden van armoede bent, daar is kracht voor nodig. Hij die deze kracht verkrijgt wordt een MASTER MIND, MEESTER VAN DE GEEST. Hij kan het lot verslaan, hij kan alles hebben wat hij zich wenst.

Deze kracht kan alleen verkregen worden door te begrijpen wat er achter alle verschijningen schuil gaat, dat is het feit dat er maar één Intelligente Substantie is, waar en waardoor alle dingen zijn gemaakt.

Vervolgens moeten we de waarheid begrijpen dat elke gedachte die in deze substantie wordt vastgehouden een vorm wordt, en dat, als de mens zijn gedachte op deze manier in deze substantie inprent, door de gedachte vorm ontstaat.

Als we ons dat realiseren verliezen we alle twijfel en angst en weten we dat we alles kunnen creëren wat we willen creëren. We kunnen krijgen wat we hebben willen, en we kunnen worden wat we willen worden.

Als eerste stap op weg naar rijk worden moet je de eerste drie fundamentele stellingen aannemen en geloven. En om ze te kunnen bevatten herhaal ik ze hier:

Er is een intelligente substantie waarvan alle dingen zijn gemaakt, en die in zijn oorspronkelijke staat het universum doordringt en alle ruimte in het universum vult.

Een gedachte in deze substantie brengt het ding, de vorm voort, die door die gedachte is voorgesteld.

Een mens kan in zijn gedachten dingen, vormen, voorstellen en door zijn gedachten in de vormloze substantie in te prenten veroorzaakt hij de vorming van dit ding.

Je moet alle andere dan deze monistische gedachte over het universum laten varen, en je moet hier over nadenken en er mee bezig zijn tot het zich diep in je geest heeft genesteld en deel uitmaakt van je gewone gedachtegoed. Lees deze geloofsovertuigingen steeds weer tot elk woord in je geheugen gegrift staat en mediteer over ze tot ze je totaal duidelijk zijn geworden. Als er twijfel in je ontstaat, werp het als een zonde van je weg. Luister niet naar tegenargumenten. Ga niet naar kerken of bijeenkomsten waar het tegendeel wordt beweerd of gepredikt. Lees geen boeken of tijdschriften waarin het tegenovergestelde wordt aangeprezen of geleerd. Zodra je verward of verscheurd wordt in je geloof zullen al je pogingen nutteloos zijn. Vraag je niet af waarom deze dingen waar zijn, speculeer niet over het feit waarom ze waar zijn. Neem ze gewoon in vertrouwen aan. De wetenschap van het rijk worden begint met de totale acceptatie van dit geloof.

Hoofdstuk vijf

Het leven tot bloei brengen

Je moet ook het laatste struikelblok loslaten: het oude idee dat er een god is wiens wil het is dat jij arm bent, of wiens doel gediend wordt doordat jij arm blijft.

De intelligente Substantie die het Al is, en in Alles is, en in Alles leeft en ook in jou leeft, is een Bewust Levende Substantie. Omdat het een bewust levende substantie is, heeft het net zoals elke andere levende intelligentie een vanzelfsprekende neiging om het leven te willen ontvouwen. Alle levende wezens zoeken voortdurend naar de vermeerdering van leven, omdat het leven in de toestand van 'levend zijn' voortdurend zichzelf moet vermeerderen.

Een zaadje dat in de grond wordt gestopt, wordt gewekt en door te leven produceert het misschien wel honderden nieuwe zaadjes. Het leven wordt door 'geleefd' te worden vermeerderd. Het wordt aldoor meer, het moet wel, wil het blijven bestaan. Voor intelligentie is het ook nodig dat het deze voortdurend vermeerdert. Elke gedachte die we hebben, maakt het noodzakelijk dat er een volgende gedachte is, bewustzijn is zich voortdurend aan het vermeerderen. Elk feit dat we leren, brengt ons weer bij een ander feit. Kennis wordt voortdurend vermeerderd. Elk talent dat we ontwikkelen brengt in onze geest het verlangen voort een ander talent te ontwikkelen. We zijn onderworpen aan de noodzaak om te leven, uitdrukkingsmogelijkheden te zoeken, en dit spoort ons altijd aan meer te willen weten, meer te doen en meer te zijn.

Om meer te weten, meer te doen en meer te zijn moeten we meer hebben, we hebben dingen nodig omdat we alleen leren, doen en zijn door de dingen te gebruiken. We moeten rijk worden zodat we meer kunnen leven.

Het verlangen om rijk te zijn is eenvoudigweg het vermogen om het leven meer te kunnen beleven en vervullen. Elk verlangen is de wil van een niet geuite mogelijkheid om verwerkelijkt te worden. Verlangens worden veroorzaakt door kracht die zich wil uiten. Datgene in jou wat je doet verlangen naar meer geld is hetzelfde als datgene wat maakt dat een zaadje tot plant uitgroeit. Het is het leven dat een vollediger expressie zoekt.

De Oorspronkelijke Ene Substantie is ook onderworpen aan deze vanzelfsprekende wet van het leven. Het is doordrongen van het verlangen naar meer leven, daarom is het noodzakelijk om meer dingen te creëren.

De Oorspronkelijke Ene Substantie verlangt om zich meer in jou te uiten, en daarom wil het dat je al de dingen hebt die nodig zijn om je te uiten. Het is het verlangen van God dat je rijk bent. Hij wil dat je rijk bent omdat Hij zichzelf meer tot uitdrukking kan brengen door jou als je genoeg dingen hebt waardoor je Hem tot uiting kunt brengen. Hij kan zich meer door jou manifesteren als je een onuitputtelijke rijkdom tot je beschikking hebt. Het universum verlangt voor jou dat je alles hebt wat je wilt hebben. De natuur is welgezind ten aanzien van je plannen.

Alles is vanzelfsprekend van jou. Bedenk en weet dat dit waar is.

Het is echter essentieel dat jouw doel in harmonie is met de bedoeling van het Al. Je moet het echte leven verlangen en niet slechts het genot van zintuigelijke verlangens. Het leven is het vervullen van functies, en het individu leeft alleen werkelijk als hij elke taak, lichamelijk, geestelijk en spiritueel, zo goed mogelijk tot uitvoering brengt, zonder in enige taak te overdrijven.

Je wilt niet rijk worden om zoals een varken te leven, om dierlijke lusten te bevredigen, dat is niet leven. Maar het uitvoeren van elke fysieke functie is een deel van het leven, en niemand die de natuurlijke verlangens en noden van een normaal gezond mens negeert kan een compleet leven leiden.

Je wilt niet rijk worden om je alleen maar aan mentale verlangens over te geven, om je kennis te vermeerderen, om je ambities te verwezenlijken, om anderen te overtreffen, om beroemd te zijn. Op zich zijn het allemaal echte noodzakelijke componenten van het leven, maar de mens die uitsluitend leeft ter bevrediging van zijn intellectuele verlangens zal slechts een gedeeltelijk leven leiden en nooit tevreden zijn met zijn lot.

Je wilt niet rijk worden alleen ten dienste van het goede voor anderen, om jezelf te verliezen in de redding van de mensheid, om alleen de genoegens van goede doelen, filantropie en opoffering te smaken. De vreugde van de ziel is ook alleen een deel van het leven, en er zijn geen betere of nobeler delen.

Je wilt rijk worden zodat je kunt eten, drinken en ontspannen op zijn tijd, je wilt rijk worden zodat je je kunt omringen met mooie dingen, verre landen zien, je geest ontwikkelen, je intellect kunt scherpen. Je wilt rijk worden zodat je mensen kunt liefhebben, goede dingen tot stand kunt brengen, en een mooie rol kunt spelen in de mogelijkheid om waarheid te vinden in de wereld.

Onthoud dat extreem altruïsme niet beter is dan extreem egoïsme, het zijn beide vergissingen. Verlos jezelf van het idee dat God wil dat je jezelf voor anderen opoffert, en dat je je zo kunt verzekeren van zijn speciale liefde. God heeft dat absoluut niet nodig. Wat hij wil is dat je het beste uit jezelf haalt, voor jezelf en voor anderen. **En je kunt anderen niet beter helpen dan het beste van jezelf te maken.**

Je kunt alleen het beste van jezelf maken door rijk te zijn. Het is dus juist en prijzenswaardig dat je op de eerste plaats je meeste aandacht besteedt aan hoe je rijk wordt. Herinner je alleen dat het verlangen van de Oorspronkelijke Substantie voor iedereen is, en zijn bewegingen moeten zijn voor leven dat voor iedereen is.

Rijkdom kan niet op zo'n manier ontstaan dat er voor iemand anders minder leven is, omdat het recht op rijkdom en leven in iedereen gelijkelijk aanwezig is. De Intelligente Substantie kan dingen voor jou maken, maar kan geen dingen daarvoor wegnemen bij anderen. Je moet de gedachte aan competitie kwijtraken. Je bent er om te creëren, niet om strijd te leveren voor dat wat er al is. Je hoeft niets van een ander weg te nemen. Je hoeft geen koopjes af te dwingen. Je hoeft niet te bedriegen of ergens voordeel uit halen. Je hoeft niemand voor je te laten werken en minder te laten verdienen dan waar hij recht op heeft. Je hoeft het bezit van anderen niet in te nemen, of er met verlangende ogen naar te kijken. Geen mens heeft iets wat jij op soortgelijke wijze niet zou kunnen hebben zonder het van hem af te moeten pakken. Je moet een schepper worden, geen concurrent. Je gaat krijgen wat je wilt, maar op zo'n manier dat andere mensen er ook beter van worden.

Ik ben me er van bewust dat er mensen zijn die op precies de tegenovergestelde manier rijk worden dan op de manier hierboven beschreven, en daar moet ik iets over uitleggen. Mensen van het plutocratische type die soms heel erg rijk worden, doen dit door middel van hun uitzonderlijke talent voor competitie. Soms verbinden zij zich op een onbewuste manier met de Oorspronkelijke Substantie omdat de Oorspronkelijke Substantie in het grotere plan voor de algehele verhoging van de hele mensheid, zoals de industriële revolutie, deze mensen hiervoor gebruikt.

Rockefeller, Carnegie en Morgan zijn als het ware de onbewuste middelen van het Allerhoogste geweest in het noodzakelijke werk van organiseren en systematiseren van de productieve industrie. Uiteindelijk zal hun werk een enorme bijdrage leveren aan de vermeerdering van leven voor iedereen. Hun dagen zijn bijna geteld, zij hebben een georganiseerde productie en zullen snel opgevolgd worden door de middelen van de massa die dan de productie en distributie zal gaan organiseren. Deze multimiljonairs zijn als de monsterreptielen uit voorwereldlijke tijden. Zij spelen een noodzakelijke rol in het evolutionaire proces, maar dezelfde kracht die hen in leven riep zal zich ook van hen ontdoen. En je moet je wel realiseren dat ze nooit echt rijk zijn geweest, de geschiedenis van de meesten van hen is er een van armoe en misère.

Rijkdom die is verkregen door competitie is nooit bevredigend en blijvend. De ene dag is het van jou, de andere dag is het van een ander. Herinner je goed dat als je op een wetenschappelijke en zekere manier rijk wilt worden, je jezelf voorgoed uit het concurrerende vlak moet verheffen. Je moet op geen enkel moment de gedachte hebben dat er niet genoeg voorraad is. Precies op het moment dat je begint te denken dat al het geld door de banken en financiers is opgeslokt en wordt gecontroleerd, en dat je je moet inspannen om wetten te laten maken die dit proces stoppen, enzovoort, verval je weer in de concurrerende manier van denken. Dan is op dat moment je kracht om te creëren verdwenen, en wat erger is, datgene wat je door je creatieve manier tot stand hebt gebracht komt tot stilstand.

WEET dat er goud voor ontelbare miljoenen aan dollars aanwezig is, goud dat nog niet gedolven is, in de diepten van de aarde. Als dat niet zo zou zijn, dan zou meer gecreëerd worden door de Denkende Substantie, mocht dat voor jou nodig zijn. WEET dat het goud dat je nodig hebt er voor je is, zelfs als duizend mannen er naar moeten delven.

Kijk nooit naar de zichtbare voorraad, kijk altijd naar de eindeloze voorraad in de Vormloze Substantie, en weet dat deze zo snel als jij het nodig hebt en kunt ontvangen, naar jou toe komt.

Niemand kan door de voorraden vast te houden, jou er van weerhouden te krijgen wat je nodig hebt. Dus sta jezelf nooit toe te denken dat nu alle mooie plekjes om te bouwen vergeven zijn voordat jij er aan toe bent een huis te laten bouwen als je niet opschiet. Wees niet bang voor maatschappijen en andere instellingen die de wereld gaan overnemen. Wees nooit bang dat je zal verliezen omdat een ander je net voor is. Dit kan eenvoudigweg nooit gebeuren, omdat je niet zult zoeken naar dat wat al van een ander is, je laat dat wat je wilt hebben verschijnen uit de Vormloze Substantie, en de voorraad is oneindig.

Houd je aan de stellingen:
Er is een intelligente Substantie waarvan en waardoor alle dingen zijn gemaakt, en die in zijn oorspronkelijke staat het universum vervult en doordringt. Alle ruimte in het universum is ermee gevuld.

Een gedachte in deze substantie creëert de vorm die deze gedachte uitdrukt. De mens kan met zijn geest dingen vormen, en door zijn gedachten in de vormloze substantie in te prenten veroorzaakt hij de vorm van die gedachte.

Hoofdstuk 6

Hoe komt rijkdom tot je?

Als ik zeg dat je in de handel niet tot het uiterste moet gaan met de prijzen, bedoel ik niet dat je nooit moet afdingen, of dat je verheven bent boven de gewone handel met andere mensen. Nee, ik bedoel dat je niet op een oneerlijke manier met ze moet handelen. Je hoeft niets voor niets te krijgen, maar je kunt iedereen meer geven dan je van hen neemt.

Je kunt niet iedereen meer in cashwaarde teruggeven dan je van hen gekregen hebt, maar je kunt wel meer in gebruikswaarde teruggeven dan je van hem kreeg in cashwaarde. Laten we ons voorstellen dat ik een schilderij bezit, gemaakt door een van de grote schilders, dat in elke ontwikkelde samenleving duizenden dollars waard is. Bijvoorbeeld van Baffin Ray. Ik verkoop dit schilderij vervolgens aan een Eskimo en laat hem betalen met een stapel bontvachten ter waarde van 500 dollars. Dan heb ik hem werkelijk tekort gedaan, want het schilderij heeft totaal geen gebruikswaarde voor hem. Het voegt niets toe aan zijn leven. Als ik hem echter een geweer ter waarde van 50 dollars voor de stapel bontvachten geef, dan heeft hij ook een goede ruil gedaan. Hij kan het geweer gebruiken, het kan hem voorzien van meer bont en eten, het zal op elke manier iets toevoegen in zijn leven, het zal hem rijk maken.

Als je je van het concurrerende niveau naar het creatieve niveau verheft, kun je je zakelijke transacties heel precies bepalen. Als je aan wie dan ook iets gaat verkopen dat minder aan zijn leven toevoegt dan datgene wat hij je er voor terug geeft, dan kun je je het permitteren de handel niet door te laten gaan. Je hoeft niemand in de handel tekort te doen, en als je in een business werkt waar dat wel gebeurt, ga er dan zo snel mogelijk vandaan. Geef iedereen meer in gebruikswaarde terug dan je in cash-waarde krijgt. Op zo'n manier voeg je aan het leven in de wereld toe bij iedere zakentransactie die je doet.

Als er mensen voor je werken dan moet je meer aan cash-waarde binnen krijgen dan je ze aan loon betaalt. Maar toch kun je ervoor zorgen dat binnen jouw bedrijf altijd mogelijkheden zijn om vooruit te komen in het leven, zodat werknemers als ze dat willen elke dag wat vooruit kunnen komen in het leven. Je kunt zorgen dat jouw bedrijf voor je werknemers datgene doet wat dit boek voor jou doet. Je kunt je bedrijf zo organiseren dat elke werknemer als hij dat wil, de ladder naar meer rijkdom kan beklimmen. De mogelijkheid is dan aanwezig, en als hij het niet doet, is het niet jouw schuld.

En als laatste dit: omdat je de creatie van jouw rijkdom vanuit de Vormloze Substantie die overal aanwezig is, bewerkstelligt, betekent dat nog niet dat het voor je ogen uit het niets tevoorschijn komt. Als je bijvoorbeeld een naaimachine wilt, bedoel ik niet te zeggen dat je je gedachte in de Vormloze Substantie moet inprenten tot er een naaimachine te voorschijn komt in de kamer waar jij je bevindt. Maar als je een naaimachine wilt, houd dan het mentale beeld voor je met de absolute zekerheid dat hij voor je gemaakt is, of op z'n weg naar jou toe is. Nadat je de gedachte gevormd hebt, moet je het absolute, en onwankelbare geloof hebben dat de naaimachine naar jou toe komt. Denk of spreek nooit anders dan met de absolute overtuiging dat hij al in je bezit is. Doe alsof de naaimachine al van jou is. Het zal door de kracht van de Absolute Intelligentie die op de geest van de mensen inwerkt, naar jou toe worden gebracht. Als je in Maine woont zou het kunnen zijn dat iemand uit Texas, of Japan, naar je toe komt met de bedoeling zaken met je te doen die resulteren in datgene wat jij wilt. En als dat zo is, zal de hele transactie voor hem even voordelig zijn als voor jou. Vergeet geen moment dat de Absolute Intelligentie alles doordringt, met alles communiceert, en alles kan beïnvloeden. Het verlangen van de Absolute Intelligentie naar de vervulling van het leven heeft al voor alle naaimachines die er bestaan gezorgd, en het kan voor miljoenen meer zorgen, het zal dat ook doen zodra er een verlangen door de mens in gang wordt gezet, verlangen, geloof, en 'handelen op een de juiste manier'. Je kunt zeker een naaimachine in je huis hebben, en het is ook zeker dat je al het andere dat je nodig hebt, en gebruikt voor de vooruitgang van jezelf en alle anderen, ook kunt krijgen.

Je moet je geen zorgen maken om 'groot' te kunnen vragen want: "het is de vreugde van de Vader om je het koninkrijk te geven", zei Jezus. De Oorspronkelijke Substantie verlangt zich zo volledig als het maar kan door jou uit te drukken, en het wil dat je alles hebt wat je maar kunt of wilt gebruiken om het meest volledige leven te leiden. Als je het feit in je geest laat doordringen dat je verlangen naar rijkdom volledig overeenkomt met het verlangen van het Absolute naar volledige expressie van het leven dan wordt je geloof onwankelbaar.

Ik zag eens een kleine jongen aan de piano zitten, tevergeefs probeerde hij harmonieuze klanken uit het instrument te laten komen. Ik zag dat hij bedroefd en geïrriteerd was omdat het hem niet lukte om echte muziek te maken. Ik vroeg hem naar de oorzaak van zijn ergernis en hij zei: "ik kan de muziek in me voelen maar mijn handen kunnen het niet spelen". De muziek die hij innerlijk hoorde was de drijvende kracht van het Absolute, alle mogelijkheden van het leven bevattend, de essentie van muziek zocht een uitdrukkingsmogelijkheid in het kind. God, de Essentie, wil leven, plezier hebben, zich uiten door de mensheid, hij zegt: "ik wil handen die wondermooie dingen bouwen, schitterende melodieën spelen, wondermooie schilderijen maken, ik wil voeten die om mijn boodschappen lopen, ogen die schoonheid zien, monden die waarheid verkondigen en prachtige liederen zingen". Alle mogelijkheden die er zijn zoeken expressie door de mens. God wil voor iedereen die piano, of wat voor instrument ook, kan spelen, om zo'n instrument te bezitten, en de mogelijkheid te hebben om hun talent helemaal te ontwikkelen.

Hij wil hen die schoonheid waarderen de mogelijkheid geven zich te omringen met prachtige voorwerpen. Hij wil hen die zich verdiepen in waarheid en in kennis om elke kans te hebben om te observeren en te reizen. Hij wil voor hen die waardering hebben voor mooie kleding de mogelijkheid om zich fantastisch en mooi te kleden, en voor hen die waardering hebben voor verfijnd voedsel om luxueus gevoed te worden. Hij wil al deze dingen omdat Hij het Zelf is die dit alles waardeert en geniet. Het is God die wil spelen, zingen, schoonheid beleven, waarheid spreken, zich mooi kleden en lekker wil eten. "Het is God die door je wil en doet", zei Paulus. Het verlangen naar rijkdom dat je ervaart, is het Absolute dat zichzelf door jou tot uitdrukking wil brengen, net zo als Hij zich door de kleine jongen aan de piano wilde uitdrukken. Aarzel dus niet om 'groot' te vragen.

Jouw aandeel is het richten, en kenbaar maken aan God. Dit is een moeilijk punt voor veel mensen, zij blijven een deel van het oude idee behouden dat het aangenaam voor God is en dat het Hem een genoegen doet dat je arm bent en je opoffert. Zij zien armoede als een deel van het grote plan, een noodzakelijkheid van de natuur. Zij denken dat God zijn werk gedaan heeft en alles heeft gemaakt wat hij kon maken, en dat de meerderheid van de mensen arm moet blijven omdat er niet genoeg is voor iedereen. Zij houden zich zo aan deze foute gedachte vast dat zij zich beschaamd voelen om rijkdom te vragen. Zij willen een heel bescheiden deel, net genoeg om redelijk mee rond te komen.

Ik herinner je nu aan het geval van een student die werd verteld dat hij een duidelijk beeld moest vormen van wat hij wilde, zodat zijn creatieve gedachte zich in de Oorspronkelijk Substantie kon inprenten. Het was een arme man die in een huurhuis woonde. Hij hield zich in leven met dat beetje wat hij van dag tot dag verdiende en kon het feit dat alle overvloed hem ook behoorde, niet bevatten. Nadat hij de zaak had overdacht, leek het hem redelijk te vragen om een tapijt voor zijn beste kamer en een kolenkachel om de koude winters mee door te komen. Hij hield zich aan de instructies van dit boek en na een paar maanden had hij de gevraagde dingen. Toen daagde plotseling het besef in hem dat hij niet genoeg gevraagd had. Hij maakte een rondgang door het huis waarin hij woonde en stelde zich alle verbeteringen voor die hij maken wilde, in zijn geest zag hij daar een nieuwe kamer, daar een extra raam, een badkamer, tot het huis helemaal goed was, daarna stelde hij zich de hele meubilering voor. Terwijl hij het beeld in zijn geest hield, begon hij 'op de juiste manier' te leven. Terwijl wat hij wilde bewaarheid werd, is hij nu de bezitter van het huis en gaat verder om zijn huis te herbouwen naar het beeld dat hij zich in zijn geest heeft gevormd.

Nu, in het bezit van een nog groter geloof, is hij op weg grotere dingen te doen. Zoals de staat van zijn geloof is, zo is het hem vergaan, en zo vergaat het iedereen.

Hoofdstuk zeven

Dankbaarheid

De voorbeelden die in het voorafgaande hoofdstuk zijn gegeven hebben de lezer geleerd dat de eerste stap om rijk te worden is dat je de gedachtenvorm van je wensen in de Vormloze Substantie overbrengt. Dit is waar, en je zult zien dat het nodig zal zijn om jezelf op een harmonieuze manier met die Vormloze Substantie te verbinden.

Het is van zo'n wezenlijk belang dat deze verbinding met het Absolute veilig wordt gesteld dat ik er hier wat aandacht aan zal besteden, en je er instructies over zal geven, die als je ze opvolgt, je zeker in perfecte eenheid met de geest van God zullen brengen. Het hele proces van geestelijke aanpassing en verbondenheid kan in één woord worden samengevat: dankbaarheid. Ten eerste geloof je dat er een Intelligente Substantie is van waaruit alle dingen worden voortgebracht, ten tweede geloof je dat deze Substantie je alles geeft wat je begeert, en ten derde verbind je je ermee door een gevoel van intense, diepe dankbaarheid.

Veel mensen die verder alles goed doen in hun leven blijven arm door hun gebrek aan dankbaarheid. Terwijl ze van God iets hebben gekregen verbreken ze de verbinding, doordat ze deze gift niet erkennen. Het is gemakkelijk te begrijpen dat hoe dichter we bij de Bron verblijven, hoe dichter we bij de bron van overvloed zijn, hoe meer overvloed we ook zullen ontvangen. En het is ook makkelijk te begrijpen dat de ziel die dankbaarheid toont zich in een hechtere relatie met God bevindt, dan de ziel die zich nooit in dankbare erkenning tot Hem richt. Hoe dankbaarder we ons tot het Absolute wenden, als goede dingen tot ons komen, hoe meer goede dingen we zullen ontvangen, en hoe sneller ze ook zullen komen. De eenvoudige reden hiervoor is dat de geestelijke houding van dankbaarheid de geest in een intensere, meer innige relatie brengt met de Bron, vanwaar deze zegeningen komen.

Als het een nieuwe gedachte voor je is dat dankbaarheid je geest in een diepere harmonie met de energieën van het universum brengt, denk hier dan goed over na, en je zult zien dat het waar is. De goede dingen die al naar je zijn toegekomen, konden je toekomen dankzij gehoorzaamheid en overeenstemming met de Universele Wetten. Dankbaarheid zal je geest naar de wegen leiden waarlangs de dingen die je voor jezelf wenst, kunnen komen. Het zal je in harmonieuze verbinding met het niveau van creatieve gedachten houden, en je zo behoeden om terug te vallen op het niveau van competitie. Alleen dankbaarheid kan je gericht houden op het Absolute, en je behoeden voor de fout om te denken dat de voorraad beperkt is en je op zo'n manier te gedragen dat je je hoop verliest.

Er is een wet van dankbaarheid, en het is absoluut noodzakelijk dat als je resultaat wilt behalen, je je aan deze wet houdt. De wet van dankbaarheid berust op het natuurlijke principe dat actie en reactie altijd gelijk zijn, en precies tegenovergestelde kanten uit gaan. De dankbare toenadering van jouw geest in een dankbare lofprijzing aan het Allerhoogste is **een vrijmaken of uitstromen van kracht. Deze dankbaarheid kan niet anders dan daar heen gaan waar het**

naar toe gezonden is, en de reactie is vervolgens een direct toenadering tot jou. "Richt je naar God en God richt zich naar jou". Dat is een verklaring die psychologisch waar is.

Als je dankbaarheid sterk en constant is, dan zal de reactie van de Vormloze Substantie ook sterk en ononderbroken zijn in het toestromen van dingen die je wilt. Wees je bewust van de dankbare houding die Jezus altijd aannam. Hij lijkt altijd "Vader, ik dank je dat je me hoort" te zeggen. Je kunt niet veel kracht hebben zonder dankbaarheid, want het is dankbaarheid die je met de kracht van het Absolute verbindt.

De waarde van dankbaarheid is niet alleen dat het je meer zegeningen laat toekomen in de toekomst maar ook dat je je zonder dankbaarheid niet lang ver kunt houden van onvoldane gedachten over de dingen zoals ze zijn.

Het moment dat je je geest toestaat ontevreden te zijn over de dingen zoals ze nu zijn, begin je je verbinding te verliezen. Je richt dan je aandacht op het alledaagse, gewone, armoedige, het smerige en het kwaadaardige, en je geest verbindt zich hiermee, en neemt deze vorm dan aan. Vervolgens prent je deze dingen in de Vormloze Substantie, en als resultaat krijg je het gewone, alledaagse, armoedige, smerige en kwaadaardige naar je toe.

Zodra je je geest toestaat zich te richten op het minderwaardige wordt je zelf minderwaardig en omring je jezelf met minderwaardige dingen. Aan de andere kant, als je je aandacht richt op het beste, wordt je het beste, en omring je jezelf met het beste.

De Creatieve Kracht in ons schept ons naar het beeld waaraan wij onze aandacht geven. Wij zijn zelf deze Intelligente Substantie, en intelligente substantie neemt altijd de vorm aan van datgene wat het denkt. De dankbare geest is altijd gericht op het beste, daarom neigt het er ook naar het beste te worden. Het neemt de vorm of het karakter aan van het beste, en het zal het beste ontvangen.

Ook geloof is geboren uit dankbaarheid. De dankbare geest verwacht voortdurend goede dingen, en verwachtingen worden op deze manier geloof. De reactie van dankbaarheid op iemands geest brengt geloof, en iedere uitgaande beweging van lofprijzing vermeerdert geloof. Degene die geen dankbaarheid vertoont kan niet lang een levend geloof behouden, en zonder een levend geloof kun je via de creatieve weg niet rijk worden, zoals we dat in de volgende hoofdstukken zullen gaan zien.

Het is dus noodzakelijk om de gewoonte aan te kweken om voor al het goede dat naar je toe komt dankbaar te zijn, en ook om deze dankbaarheid steeds te uiten. En omdat alle dingen in het leven je geholpen hebben in je vooruitgang, zal je ook voor alle dingen dankbaar moeten zijn. Verspil je tijd niet aan gedachten over de tekortkomingen of foute handelingen van materialisten of geldmagnaten. Hun organisatie van de wereld zorgde ervoor dat jij je kansen kreeg. Alles wat je kreeg kon tot je komen via hen. Ga niet tekeer over corrupte politici, dankzij hen verkeren we nu niet in een staat van anarchie, waar jouw kansen serieus door zouden verminderen. God heeft lang en geduldig gewerkt tot aan waar we nu zijn in onze industriële en maatschappelijke ontwikkeling, en Hij gaat gewoon door met zijn werk.

Er is geen enkele twijfel over het feit dat Hij zodra dat kan materialisten, captains of industry, geldmagnaten en politici zal laten verdwijnen. Maar in de tussentijd stel je je voor dat ze allen erg goed en nuttig zijn.

Herinner je dat ze er allen toe bijdragen dat de dingen die je wenst op de hierdoor ontstane wegen ook naar je toe kunnen komen, en wees voor allen dankbaar. Dit zal je in een harmonieuze relatie met het goede in iedereen brengen, zodat het goede in alles ook naar jou toe kan komen.

Hoofdstuk 8

Denken op de juiste manier

Ga terug naar hoofdstuk zes en lees opnieuw het verhaal van de man die zich een mentaal beeld van zijn huis maakte, dan zal je een vrij goed idee krijgen van de eerste stap op weg naar 'rijk worden'.

Je moet een helder en duidelijk beeld vormen van wat je wenst, want je kunt geen idee doorgeven dat voor jezelf niet duidelijk is. Je moet het hebben voordat je het geven kan. Veel mensen slagen er niet in om hun wens op het Absolute over te brengen omdat ze een vaag beeld hebben van de dingen die ze willen doen, krijgen of zijn. Het is niet voldoende om een algemeen beeld te hebben van de rijkdom, en de wens er goed mee om te gaan, iedereen heeft dat. Het is ook niet genoeg dat je een algemeen verlangen hebt om te reizen en om dingen te zien, dat heeft ook iedereen. Als je een telegram zou willen sturen aan een vriend dan zou je hem ook niet het alfabet sturen en het aan hem overlaten om er een boodschap uit te halen. Ook zou je niet zo maar op goed geluk woorden uit het woordenboek kiezen, je zou een samenhangende zin opschrijven waar je iets mee bedoelt.

Als je je wensen aan de Vormloze Substantie kenbaar wil maken, herinner je dan ook dat dit met een duidelijke boodschap moet gebeuren, je moet weten wat je wilt, en je moet er duidelijk in zijn. Je kunt nooit rijk worden of creatieve kracht in werking zetten door vage en onduidelijke verlangens te hebben. Ga je verlangens na, net zoals de man die ik je beschreef, zijn huis doorliep om te kijken wat hij precies wenste. Vorm een duidelijk beeld van je wens zoals je wenst dat het er uit ziet als de wens uitkomt.

Dat duidelijke beeld moet je voortdurend in je geest hebben, net zoals de zeeman een duidelijk beeld van de haven heeft waar hij naar toe wil varen. Je moet het voortdurend in zicht hebben, het niet uit het oog verliezen, net zoals de stuurman zijn oog nooit van het kompas af houdt.

Het is niet nodig om je te oefenen in concentratie, net zo min als het nodig is een aparte tijd te hebben om te bidden, je in stilte terug te trekken of gebruik te maken van occulte praktijken. Het is alleen nodig om precies te weten wat je wilt, en het zo graag te willen dat het de hele tijd in je gedachten is. Breng zoveel mogelijk van je vrije tijd door met het overdenken en verhelderen van het beeld van je wens.

Niemand heeft speciale concentratieoefeningen nodig om aan zijn diepe wensen herinnerd te worden. Je hebt alleen moeite om je aandacht bij zaken te houden waar je eigenlijk niet om geeft. En alleen als je echt rijk wilt worden, zodat de wens sterk genoeg is, kun je je gedachten bij je wens houden, zoals de kompasnaald door het magnetisme van de polen op zijn plaats gehouden wordt. Het zal anders nauwelijks de moeite waard zijn om de instructies uit dit boek op te volgen. De methode die in dit boek staat beschreven is alleen geschikt voor mensen wier wens om rijk te worden zo sterk is dat ze hun mentale luiheid en hang naar gemak er voor op kunnen geven.

Dus hoe helderder en duidelijker je het beeld maakt, en hoe meer het in je gedachten is, in al zijn plezierige details, hoe sterker je verlangen zal zijn, en hoe gemakkelijk het voor je zal zijn om je geest op het beeld van je verlangen gericht te houden.

Maar er is meer voor nodig dan alleen een duidelijk beeld van je verlangen. Als je alleen dat doet ben je een dromer, en zal je weinig kracht hebben om je verlangen te doen uitkomen. Achter je heldere visie moet een duidelijk besluit zijn om het te realiseren, om het een tastbaar feit te maken. En achter dit besluit moet een onaantastbaar onwankelbaar GELOOF zijn dat het verlangde eigenlijk al van jou is. Dat het er al is, en dat het enige wat je moet doen, is er bezit van nemen. Leef geestelijk al in het huis, totdat het letterlijk een vorm aanneemt. Beleef in de geestelijke sfeer al het genoegen van je wensen. "Wat je ook vraagt in je gebed, geloof dat je het ontvangt en je zult het krijgen", zei Jezus. Zie de dingen die je wilt alsof ze al de hele tijd aanwezig zijn, zie jezelf als de bezitter en gebruiker. Maak in je verbeelding gebruik van ze, net zoals je ze zou gebruiken als ze tastbaar waren. Houd het beeld voor ogen tot het helder en duidelijk is, en neem ten opzichte van het hele beeld de houding van de bezitter aan. Eigen je het in je geest helemaal toe, met het volle geloof dat het je al toebehoort. Blijf bij dit mentale beeld van jezelf als bezitter en twijfel geen moment in je geloof aan de echtheid van het beeld. En herinner je wat gezegd is in een vorig hoofdstuk over dankbaarheid, wees er voortdurend net zo dankbaar voor als wanneer je wensen al uitgekomen zouden zijn. De mens die oprecht dankbaar kan zijn voor dingen die hij vooralsnog alleen in de geest bezit, heeft werkelijk geloof. Hij zal rijk worden, en zal alles kunnen creëren wat hij maar wil.

Het is niet nodig om voortdurend te bidden om te krijgen wat je wilt. Het is niet noodzakelijk om het God elke dag te vertellen. "Gebruik geen onnodige herhalingen, zoals de heidenen doen", zei Jezus tot zijn discipelen, "want de Vader weet dat je deze dingen nodig hebt voordat je het Hem vertelt".

Jouw aandeel is om je verlangen naar de dingen die het leven verbeteren op een intelligente en samenhangende manier te formuleren, en het daarna als **Compleet Verlangen** in te prenten in de Vormloze Substantie, die de kracht en de wil heeft om dit verlangen te doen uitkomen. Je prent dit verlangen niet in door eindeloos zinnen te herhalen, je doet het door het als een beeld in je geest te houden, met een onwankelbare gerichtheid en bedoeling om het te bereiken, en het rotsvaste geloof dat je het bereikt.

Het antwoord op je gebeden is niet in overeenstemming met je geloof terwijl je praat, maar in overeenstemming met je geloof terwijl je werkt. Je kunt de Geest van God niet overtuigen door er een aparte sabbat of zondag op na te houden, om Hem te vertellen wat je wilt, en Hem dan te vergeten gedurende de rest van de week. Je kunt Hem niet overtuigen door er aparte tijden van de dag op na te houden waarin je je afzondert en tot Hem bidt, en Hem dan weer te vergeten tot het volgende gebedsuur. Bidden is goed en het heeft zijn effect, speciaal om je eigen inzicht te verhelderen en je geloof te sterken. Maar het zijn niet je mondelinge smeekbeden die er voor zorgen dat je krijgt wat je wilt. Om te krijgen wat je hebben wilt heb je geen gebedsuur nodig, maar moet je onophoudelijk bidden. En met bidden bedoel ik standvastig het beeld van de gewenste toestand voor ogen houden met het onwrikbare verlangen en doel om het te materialiseren en het geloof te hebben dat dit ook gebeurt.

"Geloof dat je ontvangt". Wanneer je het beeld van je verlangen vast en helder voor ogen hebt, is de aandacht nu gericht op ontvangen. Het is goed om je wens uit te spreken in een eerbiedig gebed gericht aan het Allerhoogste, als je het beeld helder voor ogen hebt. Vanaf dat moment moet je in je geest datgene ontvangen waarom je gevraagd hebt. Woon in dat prachtige huis, draag de mooie kleding, rijd in de auto, ga op reis, en bereid je in vol vertrouwen voor op grotere reizen. Denk en spreek over alle dingen waarnaar je gevraagd hebt op een manier alsof je ze nu al bezit. Stel je een omgeving en een financiële situatie voor, precies zoals jij dat voor ogen hebt. Pas er echter voor op dat je dit niet als de eerste de beste dromer van luchtkastelen doet. Blijf je vasthouden aan het geloof dat het voorgestelde al gerealiseerd is, en aan de vastberadenheid om het te realiseren.

Onthoud dat het het geloof en de vastberadenheid in het gebruik van je voorstellingsvermogen zijn die het verschil maken tussen de wetenschapper en de dromer. Nu je dit geleerd hebt is het tijd om het juiste gebruik van de Wil te leren.

Hoofdstuk negen

Hoe gebruikt men de wil

Als je besluit rijk te worden volgens de weten-schappelijke methode richt dan je wilskracht uit-sluitend op jezelf. Je hebt ook geen recht om je wil ergens anders voor te gebruiken. Het is verkeerd om je wil op te leggen aan anderen, om ze zo te laten doen wat jij wilt dat er gebeurt.

Het is net zo verkeerd om mensen met mentale kracht te dwingen, als het verkeerd is om ze met fysieke kracht te dwingen. Net zoals met fysieke kracht mensen tot slaaf gemaakt worden, is dat ook het geval als mensen met mentale kracht gedwongen worden. Het verschil zit alleen in de methode. Als het diefstal is om met fysieke kracht dingen van een ander weg te nemen, is het ook diefstal om met mentale kracht dingen van een ander te stelen. Er is geen verschil. Je hebt er geen recht op anderen met je wil te overheersen, ook niet voor hun 'eigen bestwil'.

De wetenschap om rijk te worden verlangt niet van je dat je, op wat voor manier ook, enige kracht of druk op een andere persoon uitoefent. Het is nergens voor nodig, en het zal zelfs je eigen doel schaden. Je hoeft je wil helemaal niet te gebruiken om te maken dat de dingen naar je toe komen. Dat zou alleen maar betekenen dat je God iets wilt afdwingen, en dat zou dom, nutteloos en respectloos zijn.

Je hoeft God niet te dwingen je het goede te geven, net zoals je de Zon niet hoeft te dwingen om op te komen. Je hoeft je wilskracht niet te gebruiken om een onvriendelijke godheid te overwinnen, of om onwillige en opstandige krachten je wil op te leggen.

De Vormloze Substantie is welwillend tegenover jou en is meer bereid jou te geven wat je wilt, dan jij bereid bent het te ontvangen. Om rijk te worden hoef je alleen je wilskracht voor jezelf te gebruiken. Als je weet wat je moet denken en doen, dan moet je je wil gebruiken om vervolgens het juiste te denken en te doen. Het juiste gebruik van de wil is om zelf op de juiste koers te blijven. Gebruik je wil om op 'de juiste manier' te denken en handelen. Probeer je wil en je gedachten niet te richten op dingen buiten je en op andere mensen. Houd je wil thuis, bij jezelf. Daar kan ze meer bereiken dan elders.

Gebruik je geest om je een beeld te vormen van wat je wilt, houd aan dat beeld vast met geloof en overtuiging, en gebruik je wil om je geest op de juiste manier te laten werken.

Hoe **vasthoudender** en **onwankelbaarder** je geloof en standvastigheid zijn, hoe sneller je rijk zult zijn, omdat je op deze manier alleen positieve indrukken op de Vormloze Substantie zult maken, en geen negatieve indrukken die alles weer teniet doen. Het beeld van je verlangens, met geloof en overtuiging vastgehouden, wordt door de Vormloze Substantie opgenomen en verblijft zo in de oneindige ruimte van het universum. Dat is wat ik weet.

Als deze indruk zich verspreidt, wordt alles in werking gezet om het te realiseren, ieder levend wezen, elk levenloos ding, alle nog niet gecreëerde vormen, worden in beweging gezet om jouw wens in vervulling te laten gaan. Alle kracht begint in die richting te werken, alle dingen bewegen zich naar jou toe. De geest van alle mensen, overal, is beïnvloed en doet al het noodzakelijke om jouw wens in vervulling te laten gaan, en ze doet dit vanzelfsprekend. Je kunt dit controleren door een negatieve gedachte de Vormloze Substantie in te sturen. Twijfel en ongeloof zullen zeker een beweging van je af in gang zetten, net zoals geloof en overtuiging een beweging naar je toe zullen bewerkstelligen.

Omdat ze dit niet begrijpen slagen de meeste mensen, die door geestelijke methodes rijk proberen te worden daar niet in. Ieder uur dat je doorbrengt met aandacht te geven aan twijfel en angst, ieder uur dat je je zorgen maakt, ieder uur dat je ziel is overmand door ongeloof, zal de energie in de Vormloze Substantie zich van je af wenden.

Alle beloftes zijn voor hen die geloven, maar dan ook alleen voor hen. Zie waarom Jezus zo vasthoudend was op dit punt en begrijp nu ook waarom. Omdat geloof zo belangrijk is, is het gepast om op je gedachten te letten. Je overtuigingen en je geloof worden namelijk gevormd door datgene wat je ziet en waar je over nadenkt, daarom is het belangrijk dat je je aandacht onder controle hebt. En hier begint het gebruik van de wil, want het is je wil die bepaalt waar je je aandacht op richt. Als je rijk wilt worden, maak dan geen studie van armoede. Er komt niets tot stand door aan het tegenovergestelde te denken. Gezondheid wordt nooit bereikt door ziekte te bestuderen, en door over ziekte na te denken. Rechtvaardigheid wordt niet bevorderd door over zonde na te denken en zonde te bestuderen. Geneeskunde als wetenschap van de ziekte heeft ziekte vermeerderd. Religie als wetenschap van de zonde heeft zonde verkondigd, en economie als studie van de armoede zal de wereld vullen met noodlijdenden en behoeftigen. Spreek niet over armoede, bestudeer het niet, houd je er niet mee bezig. Het maakt niet uit wat de oorzaken ervan zijn, je hebt er niets mee te maken. De genezing is belangrijk voor je. Houd je niet bezig met liefdadigheidswerk, alle liefdadigheid neigt er alleen naar om de armzalige toestanden die het juist probeert op te heffen, in stand te houden. Ik zeg niet dat je harteloos en onvriendelijk moet zijn, en de noodkreet van anderen niet moet horen. Maar je moet niet proberen het volgens de geijkte methodes op te lossen. Laat armoede achter je, laat alles wat er mee te maken heeft ook achter je en "doe goed".

Word rijk, dat is de beste manier om de armen te helpen. En je kunt het beeld om rijk te worden niet voor ogen houden als je je geest vult met beelden van armoede. Lees geen boeken of bladen die je uitgebreid verslag doen van de ellende van onfortuinlijke pachters en huurders, of de verschrikking van kinderarbeid, enz. Lees niets wat je geest vult met beelden van nood en lijden. Je kunt de armen op geen enkele manier helpen door van deze dingen te weten. En de wijd verspreide kennis over deze zaken helpt op geen enkele manier om de armoede te bestrijden. Het zijn niet de beelden van armoede in jouw geest die armoede doet verdwijnen, maar de beelden van rijkdom in de geest van de armen. Je laat de armen niet in de steek door je geest niet met beelden van armoede te vullen. Armoede kan verdwijnen door meer arme mensen het geloof in rijkdom te geven, niet door meer rijke mensen aan armoede te laten denken.

De armen hebben geen liefdadigheid nodig maar inspiratie. Liefdadigheid geeft ze alleen wat brood om ze in hun ellendige toestand in leven te houden, of geeft ze wat vermaak zodat ze hun misère even kunnen vergeten. Inspiratie geeft ze echter een handvat om zich uit hun misère te bevrijden. Als je de armen wilt helpen wordt dan rijk, en bewijs dat zij ook rijk kunnen worden door het zelf te doen.

De enige manier om armoede te bestrijden is door een steeds groter aantal mensen volgens de methode uit dit boek te laten werken. Mensen moeten leren om volgens de creatieve methode rijk te worden, niet door competitie. Iedere man die door competitie rijk wordt, gooit de ladder waardoor hij opgeklommen is achter zich weg, en houdt de anderen beneden. Maar iedereen die op de creatieve manier rijk wordt, opent voor vele anderen de weg om hem te volgen, en inspireert ze ook om dat te doen. Je laat geen harteloosheid of ongevoeligheid zien als je geen medelijden toont over armoede, niet naar armoede wilt kijken, niet over armoede wilt lezen, spreken, nadenken of luisteren naar mensen die erover spreken.

Gebruik je wilskracht om je geest van het onderwerp armoede af te houden, en met geloof en overtuiging gericht te houden op het beeld van wat je wilt.

Hoofdstuk tien

Het verdere gebruik van de wil

Je kunt je geen helder en waar beeld van overvloed maken als je je aandacht voortdurend naar tegenovergestelde beelden richt, of dit nu innerlijke of uiterlijke beelden zijn.

Vertel nooit iets over je moeilijke financiële verleden, mocht je dat gehad hebben, denk er helemaal nooit meer over na. Vertel nooit iets over de armoede van je ouders, het harde leven van vroeger. Als je dit doet dan behoor je op dit moment bij de armen, en zal je ook zeker je de stroom naar jou toe, blokkeren. "Laat de doden de doden begraven", zei Jezus. Laat armoede en alles wat daarbij hoort achter je. Je hebt een bepaalde theorie over het universum als de juiste aanvaard, en al je hoop op geluk hangt daar vanaf. Wat schiet je er dan mee op om je bezig te houden met tegengestelde theorieën?

Lees geen religieuze boeken die het einde van de wereld verkondigen, en ook geen geschriften van mensen die steeds al het negatieve oprakelen, of mensen die zeggen dat alles steeds slechter gaat, en dat we met z'n allen naar de duivel gaan. De wereld gaat niet naar de duivel, de wereld gaat naar God. De wereld is wonderbaarlijk in wording. Het is waar dat er heel wat negatieve dingen in de huidige toestand bestaan, maar wat is het nut om ze te bestuderen als ze toch zeker eens zullen verdwijnen? Bovendien zal het feit dat we ze bestuderen ze alleen maar langer in stand houden. Waarom zou je tijd en aandacht geven aan toestanden die door evolutionaire groei vanzelf verdwijnen, terwijl je ze sneller kunt laten verdwijnen als je jouw deel doet om die evolutionaire groei tot stand te laten komen. Het maakt niet uit hoe verschrikkelijk de toestand is in sommige landen, plaatsen of streken. Je verkwanselt je tijd en verknoeit je kansen door jezelf ermee bezig te houden. Je moet jezelf interesseren in het rijk worden van de wereld. Denk aan de welvaart waar de wereld naar toe groeit, in plaats van aan de armoede waar ze uit komt, en vergeet niet dat de enige manier waarop je hier aan kunt bijdragen is om rijk te worden volgens de creatieve methode, niet door competitie. Richt je volledige aandacht op rijkdom, negeer armoede.

Wanneer je ook maar over arme mensen spreekt of denkt, doe dat altijd door aan hen te denken als mensen die rijk gaan worden. Heb geen medelijden met ze, maar wens ze geluk. Dan zullen zij en ook anderen geïnspireerd worden, en een weg naar vooruitgang zoeken.

Omdat ik je zeg dat je je hele aandacht op rijkdom moet richten betekent dat nog niet dat je gemeen en inhalig moet zijn. Werkelijk rijk worden is het hoogste doel in je leven, omdat al het andere er bij inbegrepen is. Op het concurrerende vlak is rijk worden een goddeloos gegraai om macht over andere mensen te hebben, maar als we op het creatieve niveau aankomen verandert dat allemaal.

Alles wat mogelijk is om je ziel te ontdekken en het leven optimaal te uiten, alles wat met dienstbaarheid en onbaatzuchtig werk te maken heeft, ontstaat door rijk te worden. Alles wordt mogelijk gemaakt door het gebruik van dingen. Als je een slechte gezondheid hebt, zal je ontdekken dat het verkrijgen van een goede gezondheid samenhangt met rijk worden. Alleen zij die vrij zijn van financiële zorgen, en het zich kunnen veroorloven om zorgeloos te leven, en er hygiënische praktijken op na kunnen houden, kunnen gezond zijn, en blijven. Morele en spirituele grootheid is alleen mogelijk voor hen die boven de concurrerende strijd om het bestaan staan. Alleen zij die rijk worden volgens het proces van creatieve gedachten, worden niet naar beneden gehaald door competitiestrijd. Als je verlangt naar huiselijk geluk, herinner je dan dat liefde het best groeit als er verfijning, een hoogstaand gedachteleven, en geen corrupte invloeden zijn. En deze zijn alleen te vinden in een omgeving waar rijkdom volgens de creatieve manier tot stand is gekomen, zonder strijd en rivaliteit. Ik herhaal dat er geen enkel streven zo nobel is als het verlangen om rijk te worden, en je moet je aandacht alleen richten op beelden die met deze rijkdom te maken hebben, en al datgene wat je zicht hierop vertroebelt, buitensluiten.

Je moet leren om de onderliggende WAARHEID in alle dingen te zien. Je moet voorbij alle ogenschijnlijk foute toestanden heen de Grote Eenheid zien van alle dingen die altijd naar een volledige expressie en zuiver geluk beweegt.

Het is de Waarheid dat er in wezen geen armoede maar alleen overvloed bestaat. Sommige mensen blijven arm omdat zij zich niet bewust zijn van de overvloed die er ook voor hen is, en zij kunnen het beste leren dat dit wel zo is door jouw voorbeeld in de praktijk, hoe je je openstelt voor welvaart en overvloed. Anderen zijn arm omdat zij wel weten dat er een weg uit de armoede is, maar intellectueel te lui zijn om de mentale inspanning te leveren om er precies achter te komen hoe het zit, en het vervolgens te doen. Voor hen is het goed om een verlangen in ze op te wekken, door ze te laten zien hoe gelukkig je kunt zijn als je op de juiste manier rijk geworden bent. Anderen zijn nog steeds arm omdat ze totaal verward zijn geraakt door de vele 'occulte' en metafysische wegen en door de bomen het bos niet meer zien, ze volgen van elk systeem een beetje, en falen in allemaal. Ook voor hen is het goed om ze de juiste praktijk van je eigen weg te laten zien. Eén ons juist handelen is meer waard dan een kilo theoretiseren. Het beste wat je voor de wereld kunt doen is om het beste uit jezelf te halen. Je kunt God en de mensheid niet beter dienen dan op de juiste manier rijk te worden op de creatieve manier en niet door competitie.

Iets anders, wij stellen dat dit boek je de principes om rijk te worden in alle details geeft. Dit is de waarheid en je hoeft dus geen enkel ander boek over het onderwerp te lezen. Dit klinkt misschien egoïstisch en bekrompen, maar stel je dit voor: er is geen andere wetenschappelijke manier voor rekenen dan op-tellen, aftrekken, delen en vermenigvuldigen. Er kan alleen maar één afstand de kortste zijn tussen twee punten. Er kan maar één manier de meest wetenschappelijke zijn, en dat is de manier die op de efficiëntste, simpelste en kortste manier het doel bereikt. Niemand heeft tot dusver een snellere of simpeler methode om rijk te worden bedacht dan de methode die in dit boek beschreven staat, het is van al het onnodige en niet essentiële ontdaan. Wanneer je met deze methode begint, zet dan alle andere manieren aan de kant, zet ze helemaal uit je hoofd. Lees dit boek elke dag, hou het bij je, leer het uit je hoofd, en denk niet aan andere systemen of theorieën. Als je dit wel doet, begin je te twijfelen, word je onzeker en gaan je gedachten alle kanten op. Dan ga je fouten maken.

Nadat je het goed gedaan hebt, en rijk geworden bent, kun je zoveel andere systemen bestuderen als je maar wilt, maar tot je zeker bent dat je bereikt hebt wat je wilde, moet je geen andere boeken over dit onderwerp lezen, behalve de auteurs genoemd in het voorwoord van dit boek.

Lees alleen de meest positieve commentaren op het wereldnieuws, alleen dat nieuws wat in overeenstemming met jouw toekomstbeeld is. Stel ook je onderzoek naar occulte zaken uit. Ga niet neuzen in theosofie, spiritualisme of aanverwante studies. Het is heel wel mogelijk dat de doden nog leven en in de buurt zijn, maar als dat zo is, laat ze dan met rust, en bemoei je met je eigen zaken. Waar ziel en geest van de overledenen ook zijn, ze hebben hun eigen werk te doen, en hun eigen problemen op te lossen. Wij hebben geen recht om ons met hen te bemoeien. Wij kunnen hen niet helpen, en het valt te betwijfelen of zij ons kunnen helpen, of dat wij het recht hebben van hun tijd gebruik te maken als zij dat wel kunnen. Laat de doden en het hiernamaals met rust en los je eigen probleem op, word rijk. Als je je met occulte zaken begint te bemoeien, zal je allerlei tegenstrijdige mentale stromingen tot stand brengen, en die zullen je hoop zeker doen stranden.

Tot dusver heeft dit hoofdstuk en de voorgaande ons gebracht tot deze stellingen met de basisprincipes:

Er is een intelligente substantie waarvan en waardoor alle dingen zijn gemaakt, en die in zijn oorspronkelijke toestand het gehele universum doordringt en vervult. Alle ruimte in het universum is er mee gevuld.

Een gedachte in deze substantie creëert de vorm die deze gedachte uitdrukt.

De mens kan met zijn geest dingen vormen, en door zijn gedachten in de Vormloze Substantie in te prenten, veroorzaakt hij de vorm van die gedachten.

Om dit te kunnen doen moet de mens zich uit het niveau van competitiestrijd naar het creatieve niveau verheffen, hij moet zich in zijn geest een helder beeld vormen van de dingen die hij wil. Dit beeld moet hij in zijn gedachten houden met het onwrikbare doel om te krijgen wat hij wil, en het onwankelbare geloof dat hij krijgt wat hij wil. Hierbij sluit hij zijn geest volkomen af van alles wat hem van zijn doel af kan houden, alles wat zijn beeld kan verstoren en alles wat zijn geloof kan doen wankelen.

En aansluitend hierop gaan we nu zien dat de mens 'op de juiste manier' moet gaan handelen en leven.

Hoofdstuk elf

Handelen op de juiste manier

Gedachten zijn de creatieve kracht oftewel de stuwende kracht die de creatieve kracht doet werken. Denken 'op de juiste manier' zal je rijkdom brengen, maar je kunt niet op gedachten alleen vertrouwen, zonder op je persoonlijke handelen te letten. Dit is het punt waarop vele wetenschappelijke en metafysische denkers stranden. Het vermogen om gedachten aan actie te koppelen.

We hebben nog niet het niveau bereikt dat de mensheid direct vanuit de Vormloze Substantie kan creëren zonder de wetten van de natuur en zonder het werk van mensenhanden, ervan uitgaand dat dit überhaupt bestaat. Daarom is het noodzakelijk dat een mens niet alleen denkt, maar dat zijn gedachten ook aangevuld worden met zijn handelen.

Door gedachten kun je het goud in het hart van de bergen naar jou toe richten, maar het zal zichzelf niet delven, bewerken, munt slaan, en naar je toe komen rollen om in je portemonnee te springen. Door de drijvende kracht van de Universele Geest zullen de mensen gedreven worden om goud te delven, anderen zullen zaken doen die jouw belangen op een gegeven moment zullen dienen. En jij moet op zo'n manier handelen dat je op een gegeven moment ook in staat bent dat geld te ontvangen. Jouw gedachten maken dat bezielde en onbezielde natuur voor je aan het werk gaan, maar jouw persoonlijke inspanning moet zijn dat je op een gegeven moment door jouw werk in staat bent dat geld te ontvangen.

Het is niet de bedoeling dat je het als liefdadigheid ontvangt, of dat je het steelt. Je zult iedereen meer in gebruikswaarde moeten terug geven dan ze je in cashwaarde gegeven hebben.

De wetenschappelijke methode van denken bestaat er uit dat je een helder en duidelijk beeld voor ogen hebt van wat je wilt, vastbesloten bent het te krijgen en volledig vertrouwen hebt dat je het krijgt.

Probeer niet om je gedachten op een of andere occulte manier te projecteren, om zo dingen voor je te voorschijn te laten komen. Dat is verspilde moeite en verzwakt je mentale kracht. De manier waarop je je gedachten kunt gebruiken om rijk te worden is in de vorige hoofdstukken uitvoerig beschreven. Je geloof en je vastbeslotenheid zullen een duidelijke indruk maken op de Vormloze Substantie, want deze heeft hetzelfde verlangen naar een grotere expressie van het leven als jij.

Het beeld dat jij hebt uitgezonden zet alle creatieve krachten aan het werk om LANGS DE AL BESTAANDE WEGEN de dingen naar jou toe te laten komen. Het is niet jouw taak om de creatieve krachten die aan het werk gaan te begeleiden en aan te voeren. Alles wat je hebt te doen is het beeld voor ogen te houden, je bij je besluit en je geloof te houden en dankbaar te zijn. Wel is het zo dat op 'de juiste manier' moet leren handelen, zodat je datgene wat voor je bestemd is ook kunt ontvangen als het tot je komt.

Het is niet moeilijk de waarheid hierin terug te vinden. Als de dingen je bereiken zijn ze nog in de handen van een ander, die er iets voor terug verlangt. En je kunt alleen dat wat voor jou bestemd is krijgen als je dat wat voor de ander bestemd is er voor terug geeft. Je broekzak zal niet in Fortuna's beurs veranderen, die altijd vol geld is, zonder dat jij er iets voor terug hoeft te doen. Dit is een essentieel onderdeel in de methode om rijk te worden, juist hier waar gedachten en persoonlijke actie moeten worden gecombineerd.

Er zijn veel mensen die, bewust of onbewust, de creatieve krachten in werking zetten door de volhardende kracht van hun verlangens, maar die toch arm blijven omdat zij zich niet inzetten om ook te kunnen ontvangen. Door gedachtekracht worden de dingen naar je toe gebracht, door je actie kun je ze ontvangen.

Wat je handelen in de toekomst ook mag zijn, het is duidelijk dat je NU moet handelen. Je kunt niet in het verleden handelen, en het is essentieel voor de helderheid van het beeld waar je aan vast wil houden, dat je het verleden uit je geest buitensluit. Je kunt ook niet in de toekomst handelen, want die is er nog niet. En je kunt nog niet weten hoe je op onzekere factoren in de toekomst zult gaan reageren, want die onzekere toestanden zijn er nog niet.

Omdat je nu nog niet in de toestand bent waar je naar verlangt, omdat je nu het werk nog niet hebt dat je wilt doen, moet je niet denken dat je niets hoeft te doen tot je in de verlangde situatie bent beland! Ook moet je geen tijd besteden aan je handelen voor als zich eventuele onvoorzienigheden voordoen. Heb vertrouwen in je vermogen om overal juist op te reageren als de tijd daar is.

Als je nu handelt, met je geest gericht op de toekomst, dan is je geest verdeeld, en zal je niet juist kunnen handelen. Richt je geest helemaal op het huidige handelen. Geef je creatieve impuls niet aan de Oorspronkelijke Substantie om daarna met je handen gevouwen te gaan zitten wachten op het resultaat. Als je dat doet zal je niets voor elkaar krijgen. Handel nu! Er is en zal geen andere tijd zijn dan het nu. Als je ooit wilt gaan openstaan om te ontvangen, doe het dan nu. En je handelen zal dan hoogst waarschijnlijk gericht zijn op je huidige toestand, op de mensen waar je nu mee om gaat, en het werk wat je nu doet, in de baan die je nu hebt. Je kunt niet daar handelen waar je nog niet bent, je kunt niet handelen waar je niet meer bent, je kunt alleen handelen in de toestand waar je je nu in bevindt.

Maak je om het feit dat het werk gisteren wel of niet goed gedaan is, niet druk, doe het werk van vandaag goed. Maak je ook niet druk om het werk dat morgen moet worden gedaan. Er zal ruim tijd zijn voor dat werk als je daar eenmaal aan toe bent. Probeer op geen enkele manier op een occulte of mystieke manier op anderen in te werken. Wacht niet op een verandering van omgeving om te gaan handelen maar handel zodat je omgeving verandert.

Je kunt in je huidige toestand op zo'n manier handelen dat je als het ware overgeplaatst wordt naar een betere omgeving. Houd je beeld van een betere omgeving met geloof en overtuiging vast, terwijl je nu met je hele hart, met je hele geest, met je hele kracht, handelt in je huidige omgeving. Breng geen tijd door met dagdromen en luchtkastelen bouwen. Houd vast aan je toekomstbeeld en handel nu. Je hoeft ook geen speciale, ongewone of nieuwe dingen te doen als eerste stap op weg naar rijkdom.

Het zal waarschijnlijk zo zijn dat je handelen voorlopig gewoon bestaat uit het werk dat je altijd al deed. Het verschil is dat je dit werk nu op 'de juiste manier' doet, en dit zal je rijk maken. Als je bepaald werk doet, en je weet dat dit nog niet is wat je wilt, wacht dan niet met handelen tot je ander werk hebt, maar handel nu. Wees niet ontmoedigd, ga niet bij de pakken neer zitten omdat je je misplaatst voelt. Niemand is ooit zo misplaatst geweest dat hij uiteindelijk niet de juiste plaats kon bereiken, en geen mens is ooit zo in het verkeerde werk beland dat hij er niet meer uit kon komen. Houdt met geloof en overtuiging het beeld vast van het juiste werk waar je in wilt zijn, en waar je in komt, maar handel in je huidige werk.

Gebruik je huidige werk als het middel om in het juiste werk te komen. En gebruik je huidige toestand om in de verlangde toestand te komen. Je beeld van het juiste werk zal door je geloof en overtuiging de Allerhoogste er toe doen bewegen om het juiste werk naar je toe te sturen, en jouw 'handelen op de juiste manier' zal maken dat jij naar het juiste werk toegetrokken wordt.

Als je een werknemer bent, of in loondienst, en gelooft dat je van plaats moet veranderen om te krijgen wat je wilt, projecteer dit dan niet in de ruimte, erop vertrouwend dat dit je een andere baan zal bezorgen. Dit zal waarschijnlijk niet slagen. Houd het beeld vast van het werk dat je wilt doen, terwijl je met geloof en overtuiging werkt in de baan die je nu hebt. Dan zal je zeker het verlangde werk krijgen. Je visie en je geloof zet de Creatieve Kracht in beweging om het verlangde naar jou te brengen, en je handelen zet de krachten in je eigen omgeving in werking, om jou dichter bij je doel te brengen.

Aan het eind van dit hoofdstuk voegen we nog een stelling toe aan de al bestaande stellingen in dit werkboek:

Er is een Intelligente Substantie waarvan en waardoor alle dingen zijn gemaakt, en die in zijn oorspronkelijke toestand het gehele universum doordringt en vervult. Alle ruimte in het universum is ermee gevuld.

Een gedachte in deze substantie creëert de vorm die deze gedachte uitdrukt.

De mens kan met zijn geest dingen vormen, door zijn gedachten in de Vormloze Substantie in te prenten, veroorzaakt hij de vorm van die gedachten.

Om dit te kunnen doen moet de mens zich uit de concurrerende staat van de geest verheffen tot de creatieve staat van de geest. Hij moet zich een duidelijk beeld vormen van wat hij wil, en dit beeld in zijn geest vasthouden met het vaste besluit te krijgen wat hij wil, en het onwankelbare geloof dat hij het ook krijgt. Terwijl hij zich tegelijkertijd volledig afsluit van alles dat zijn vasthoudendheid doet wankelen, zijn beeld verstoort en zijn geloof verzwakt.

Opdat hij kan ontvangen waar hij naar verlangt, handelt de mens in het hier en nu met de dingen en de mensen die in zijn huidige toestand aanwezig zijn.

Hoofdstuk twaalf

Efficiënt handelen

Je moet je gedachten gebruiken zoals beschreven is in de vorige hoofdstukken, en beginnen met te doen wat je kunt op de plaats waar je nu bent, en je moet ALLES doen wat je kunt op de plaats waar je nu bent. Je kunt alleen vooruit gaan door groter te worden dan je nu bent. En geen mens groeit in zijn huidige situatie als hij het werk laat liggen dat in die omstandigheden gedaan moet worden.

De wereld kan alleen vooruit gaan door diegene die hun plaats meer dan voldoende innemen. Als niemand zijn plaats meer dan genoeg zou invullen, dan zou je kunnen zien dat alles in een neerwaartse beweging zou komen. Zij die hun plaats onvoldoende invullen zijn ballast voor de maatschappij, de regering, de economie en de industrie. Zij moeten met grote moeite door anderen meegedragen worden.

De vooruitgang van de wereld stagneert door allen die de plaats die zij innemen niet voldoende invullen. Zij behoren tot het verleden, een minder ontwikkeld of lager niveau van leven, en zij neigen naar degeneratie. Geen enkele maatschappij kan vooruit gaan als niet iedereen zijn plaats naar behoren invult.

De sociale evolutie ontvouwt zich door middel van de materiële en mentale evolutie. In de dierenwereld wordt evolutie veroorzaakt door overvloed aan leven. Als een levensvorm meer leven in zich heeft dan het door zijn huidige functies kan uiten dan ontwikkelt het mogelijkheden om het leven op een hoger niveau te uiten, zo ontstaat er een nieuwe soort.

Er zouden nooit nieuwe soorten zijn ontstaan als er geen levensvormen waren geweest die hun plaats niet meer dan voldoende hadden ingevuld. Deze wet is voor jou precies hetzelfde, rijk worden hangt volledig af van je capaciteit om dit principe in je eigen zaken toe te passen. Elke dag is of een succesvolle dag of een mislukte dag. Maar het zijn de succesvolle dagen die zorgen dat je krijgt wat je wilt.

Als elke dag mislukt, kun je nooit rijk worden, en als elke dag een succes is, wordt je zondermeer rijk. Als er iets is dat vandaag gedaan kan worden, en je doet het niet, dan heb je wat dat betreft gefaald en de gevolgen daarvan kunnen rampzaliger zijn dan je denkt. Je kunt de gevolgen van zelfs de meest alledaagse daad niet overzien net zo min als de werking van krachten door jou in gang gezet. Er kan veel van een simpele daad die jij stelt, afhangen, misschien zelfs het opengaan van de deur naar grotere mogelijkheden.

Je kunt nooit van alle mogelijkheden en verbindingen weten die de Allerhoogste Intelligentie in het werk zet in de wereld van menselijke en materiële zaken, en jou nalatigheid ten opzichte van een kleine taak kan een enorm uitstel zijn voor het uitkomen van je wens. Doe elke dag ALLES wat op die dag gedaan kan worden.

Er is echter een beperking voor het bovenstaande principe die je in overweging moet nemen. Het is niet nodig om je te overwerken, of om je blindelings in je zaken te storten, om zo een onmogelijk aantal zaken in een korte tijd te doen. Je hoeft het werk van morgen niet te doen, en evenmin het werk van de volgende week. Het gaat niet om **de hoeveelheid werk** die je doet, maar de **efficiëntie** waarmee je elke taak uitvoert.

Elke handeling is op zichzelf een succes of een mislukking. Elke handeling is op zichzelf efficiënt of inefficiënt. Elke inefficiënte daad is een mislukking, en als je je hele leven alleen maar vult met inefficiënte daden, zal je leven een mislukking zijn. Hoe meer dingen je doet, hoe erger voor jou als al deze dingen mislukkingen zijn. Aan de andere kant kun je stellen dat elke efficiënte handeling op zich een succes is. En als elke daad in je leven een succesvolle daad is, dan **moet** je leven ook een succes zijn.

De oorzaak van mislukken is om teveel dingen op een inefficiënte manier te doen, en niet genoeg dingen op een efficiënte manier te doen. Je zult zien dat het een vanzelfsprekende bewering is dat als je eerst niet voldoende efficiënt handelt, en je het vervolgens wel doet, dat je dan rijk zult worden. Als het dan mogelijk is geworden om elke actie efficiënt uit te voeren, zie je dat het rijk worden niets anders dan een exacte wetenschap is geworden, zoiets als wiskunde.

De vraag is vervolgens: "kun je dan elke handeling succesvol maken?" Dit is zeker het geval. Je kunt van iedere daad een succesvolle daad maken, omdat de Volledige Kracht met je is, en deze kan niet falen. De Volledige Kracht staat je volledig ter beschikking, en handelen met succes **is** handelen met Kracht. Alle daden zijn of krachtig of zwak. En als al je daden krachtig zijn handel je 'op de juiste manier', en dit maakt je rijk.

Elke daad kan krachtig en efficiënt uitgevoerd worden als je je visie helder voor ogen houdt terwijl je handelt met vastberaden overtuiging en onwankelbaar geloof. Het is op dit punt dat veel mensen, die mentale kracht scheiden van persoonlijke daadkracht, falen. Zij gebruiken hun mentale kracht op een bepaalde plaats en omstandigheid, en hun handelen vindt plaats op een andere plaats en tijd. Zodoende zijn hun handelingen op zich geen succes en vaak inefficiënt. Maar als alle kracht beschikbaar is voor een handeling, hoe gewoon ook, dan zal elke handeling op zich een succes zijn.

Het is een natuurlijk gegeven dat succes succes oproept, en dat geeft jou vooruitgang ten opzichte van je wens, net zoals de vervulling van je wens zich steeds sneller naar jou beweegt. Onthoud dat succesvol handelen resultaten opeenstapelt, omdat het verlangen naar meer leven in alle schepping besloten ligt. Dus als een mens zich naar een vollediger expressie van leven beweegt, komen de dingen naar hem toe, en de invloed van zijn verlangen wordt vermeerderd. Doe elke dag dat wat gedaan kan worden en doe het op een efficiënte manier.

Wat er bedoeld wordt met de uitspraak dat je je visie voor ogen moet houden bij elke handeling, hoe gewoon de handeling ook is, betekent niet dat je het beeld tot in de kleinste details voor ogen moet houden. Gebruik liever je vrije tijd om het beeld van je verlangen zo gedetailleerd en helder mogelijk in je geest vast te houden. Als je snel resultaten wilt,

gebruik dan al je vrije tijd hiervoor. Door voortdurende contemplatie krijg je het beeld, tot in de kleinste
details, zo gevestigd in je geest, en zo volledig
overgebracht op de Vormloze Substantie, dat je het
in je werktijd alleen als beeld voor ogen hoeft te
hebben om zo je geloof en vastberadenheid te
stimuleren.

Overdenk in je vrije tijd je verlangen, zodat je
bewustzijn er zo vol van is dat je je het direct voor de
geest kunt halen. Je zult door deze succesvolle
vooruitzichten zo gestimuleerd worden dat de
gedachte alleen al alle kracht in je wezen vrijmaakt.

Laten we herhalen wat er in al het voorgaande
besproken is, en door een minieme verandering in de
volgende beweringen komen we tot het punt waar
we nu zijn aangekomen:

**Er is een Intelligente Substantie waarvan en
waardoor alle dingen zijn gemaakt en die in zijn
oorspronkelijke toestand het gehele universum
doordringt en vervult. Alle ruimte in het universum
is ermee gevuld.**

**Een gedachte in deze Substantie creëert de vorm die
door deze gedachte wordt voorgesteld.**

**De mens kan met zijn geest dingen vormen, en door
zijn gedachten in de Vormloze Substantie in te
prenten, veroorzaakt hij het ding dat door deze
gedachte wordt uitgedrukt.**

**Om dit te kunnen doen moet de mens zich
uit het niveau van competitiestrijd naar het
niveau van de creatieve geest verheffen. Hij moet**

zich een helder beeld vormen van de dingen die hij wil en wil doen.

Vervolgens gaat hij met geloof en doelgerichtheid alles doen dat op een dag gedaan kan worden, elke op zich staande handeling op een efficiënte manier.

Hoofdstuk dertien

Tot de juiste werkwijze komen

In elk willekeurig werk hangt het succes voor een bepaald deel af van de ontwikkelde talenten die je voor dat werk hebt. Zonder muzikale talenten kan niemand erin slagen een goed musicus, of een goede muziekleraar te zijn. En zonder een goed ontwikkeld technisch talent kun je in de technische industrie niet echt succes hebben. Zonder takt en handelsinzicht kan niemand goed zaken doen.

Maar het verzekert je niet van rijkdom als je op een bepaald gebied je talenten goed hebt ontwikkeld. Er zijn musici met grote talenten die erg arm blijven. Er zijn metaalbewerkers, timmerlieden, enzovoort, allemaal met uitstekende technische kwaliteiten, die niet rijk zijn. Er zijn ook zakenlieden met een goed handelsinzicht, die niettemin falen. De verschillende eigenschappen zijn instrumenten. Het is essentieel om goede instrumenten te hebben, maar het is evenzeer essentieel dat de instrumenten "op de juiste manier" worden gebruikt. Iemand kan een scherpe zaag, een winkelhaak, een goed plan, en alles wat verder nodig is, hebben en een mooi meubel maken. Iemand anders kan dezelfde instrumenten hebben en er een rotzooi van maken. Zo iemand weet niet hoe hij de instrumenten op een succesvolle manier kan gebruiken.

De verschillende aspecten van je geest zijn de instrumenten waarmee je het werk verricht waardoor je rijk wordt. Het zal makkelijker voor je zijn om te slagen als je werk gaat doen waarvoor je de beste mentale instrumenten bezit.

In het algemeen gesproken zal je het best tot je recht komen als je werk uitkiest waarvoor je de meeste talenten hebt. Maar er zijn beperkingen aan deze uitspraak. Geen mens zou zijn roeping onherroepelijk verbonden hoeven te zien met de neigingen waarmee hij geboren is. Je kunt rijk worden met elk soort werk. Want als je niet het juiste talent bezit, dan ontwikkel je dat talent gewoon. Het enige verschil is dat je je instrumenten ontwikkelt terwijl je op weg bent, in plaats van aan de slag te gaan met de instrumenten die je al bezit. Het is makkelijker voor je om succesvol te zijn in een beroep waarvoor je al goed ontwikkelde talenten hebt. Maar je kunt slagen in elk beroep, want je kunt elk rudimentair ontwikkeld talent ontwikkelen.

Er is geen talent wat niet in ieder geval rudimentair aanwezig is. Je zult op de gemakkelijkste manier rijk worden als je dat doet wat het beste bij je past, maar je zult de meeste voldoening bij het rijk worden krijgen als je doet wat je wilt doen. Doen wat je wilt doen is leven. En er kan geen echte voldoening zijn in het leven als je gedoemd bent om altijd iets te doen wat je eigenlijk niet wilt doen, en je nooit kunt doen wat je echt wilt doen.

Het staat vast dat je kunt doen wat je wilt doen. Het verlangen in je dat je het doen wilt, is het bewijs dat je daar de kracht ook voor hebt. Verlangen is een manifestatie van kracht. Het verlangen om muziek te maken is de kracht om muzikale expressie en ontwikkeling voort te brengen. Het verlangen om techniek uit te vinden is het technische talent dat expressie en ontwikkeling zoekt. Als er ergens geen kracht is, ontwikkeld of niet, om iets bepaalds te doen, dan is er ook geen verlangen om dat bepaalde ding te doen. Als er echter een sterk verlangen is om iets te doen dan is dat het zekere bewijs dat er ook een sterke kracht is om dat te doen. Het moet alleen ontwikkeld en toegepast worden op 'de juiste manier'. Omdat alles verder eigenlijk niet uitmaakt, zal het zeker het beste zijn om een beroep uit te kiezen waar je het best ontwikkelde talent voor hebt. Maar als je een sterk verlangen hebt om een ander beroep uit te oefenen, kies dat beroep dan uit als het ultieme doel waar je je op richt.

Je kunt doen wat je wilt, en het is je recht en voorrecht om een roeping te hebben die je het meest passend en vreugdevol lijkt. Je bent niet verplicht om te doen wat je niet leuk vindt, je hoeft het ook niet te doen, alleen als een middel om je naar de verlangde toestand te brengen. Als je in het verleden misstappen hebt begaan waardoor je nu in een onaangename toestand of onaangenaam werk zit, kun je wel verplicht zijn om dit werk nog een tijdje te doen. Maar je kunt het werk plezieriger maken door te weten dat door dit werk te doen, je dichter bij je verlangen kunt komen.

Als je vindt dat je niet het juiste werk hebt, handel dan niet te haastig door te proberen een andere baan te krijgen. In het algemeen genomen is de beste manier om van werk en omgeving te veranderen, je te ontwikkelen. Wees niet bang om radicaal te veranderen, als je daarvoor een gelegenheid krijgt, maar handel niet op een radicale manier als je nog twijfelt of je er het juiste inzicht in hebt.

Er is nooit haast op het creatieve niveau, er zijn altijd kansen. Als je je uit het niveau van competitie verheft, zal je beseffen dat je nooit haastig hoeft te handelen. Niemand zal je te snel af zijn met de dingen die je wilt doen. Er is genoeg voor iedereen. Als één plaats ingenomen wordt door een ander, zal een andere plaats, misschien een betere, even verderop voor jou vrij komen.

Er is genoeg tijd. Als je twijfelt, besteed dan tijd aan de overdenking van je visie, en maak je geloof en overtuiging groter. En als je twijfelt en onzeker bent, ontwikkel dan in ieder geval je dankbaarheid. Breng vervolgens een dag of twee door met het overdenken van je innerlijk beeld, terwijl je oprecht dankbaar bent voor het feit dat je het krijgt. Dit zal je geest in een zo direct contact met het Allerhoogste brengen dat je je niet meer kunt vergissen in je handelingen. Er is een Geest die alles weet wat er te weten valt, en je kunt je hiermee innig verenigen door het geloof en de overtuiging in de vooruitgang van het leven en door intense dankbaarheid te tonen. Fouten ontstaan door te haastig te handelen, door uit angst of twijfel te handelen. Of door het volledige juiste verlangen te vergeten, namelijk: voor iedereen meer leven en voor niemand minder leven. Als je door gaat op 'de juiste manier te handelen' zullen er zich steeds meer gelegenheden voordoen, en je zult in diepe verbinding moeten blijven met de Al Geest door diepe dankbaarheid te tonen.

Doe alles wat op een dag gedaan kan worden op een perfecte manier, maar zonder zorgen, haast of angst. Doe zo veel als je kunt, maar haast je nooit. Vergeet niet dat op het moment dat je je begint te haasten, je jezelf weer op het competitie niveau hebt geplaatst, en van het creatieve niveau bent afgegleden. Op het moment dat je jezelf begint te haasten, roep je jezelf een halt toe.

Richt je aandacht op het mentale beeld van het ding dat je wilt bereiken, en wees dankbaar voor het feit dat je het bereiken zult. De oefening om dankbaarheid te tonen zal je geloof altijd versterken en je wilskracht vernieuwen.

Hoofdstuk veertien

Het idee van groei doorgeven

Of je wel of niet je beroep wilt veranderen, je handelen in het nu moet gericht zijn op het beroep dat je nu uitoefent. Je kunt in het beroep komen te werken· dat je graag wilt uitoefenen door in het nu constructief gebruik te maken van het beroep dat je nu uitoefent, door je werk 'op de juiste manier' te doen. Of jouw werk er nu uit bestaat met andere mensen te onderhandelen, of het persoonlijk is of via brieven, de hoofdgedachte die achter al je pogingen moet zitten, is dat je bij deze mensen de indruk van groei achterlaat.

Groei is wat alle mensen zoeken. Het is de noodzaak van de Vormloze Intelligentie in hen, die een volledigere expressie zoekt. Het verlangen naar groei is inherent in alle natuur aanwezig. Het is de fundamentele impuls van het universum.

Alle menselijke activiteiten zijn gericht op groei van leven. Mensen willen meer voedsel, meer kleding, betere huisvesting, meer luxe, meer schoonheid, meer kennis, meer plezier, meer van wat dan ook, meer leven. Elk levend wezen heeft de noodzaak om voortdurend vooruit te gaan, en waar de groei van leven stopt, maken ontbinding en dood onmiddellijk hun intrede. De mens is zich hier instinctief van bewust en is daarom voortdurend op zoek naar meer.

Deze wet van de voortdurende vermeerdering kun je ook opmaken uit Jezus' parabel van de talenten;

alleen zij die meer talenten verzamelen, behouden de talenten, want van hem die niets heeft, zal het weinige dat hij heeft weggenomen worden. Het normale verlangen naar vermeerdering van welvaart is geen slechte of afkeurenswaardige zaak, het is eenvoudigweg het verlangen naar uitbundiger leven, het is zoals ademhalen. En omdat het het diepste instinct van hun natuur is, voelen alle mensen zich aangetrokken tot diegene die hun meer van het leven kan geven.

Door te leven volgens 'de juiste manier', zoals beschreven op de vorige pagina's, krijg je een constante groei voor jezelf, en geef je het door aan iedereen met wie je in contact komt. Wees hiervan zeker, en breng deze zekerheid over op iedere man, vrouw en kind met wie je omgaat. Hoe klein de transactie ook is, al is het de verkoop van een lolly aan een kind, wees zeker dat je de gedachte aan groei meegeeft, en zorg er voor dat de klant deze indruk van groei ook mee krijgt.

Breng in alles wat je doet de indruk van vooruitgang, zodat alle mensen met wie je omgaat de indruk van je krijgen dat je **een vooruitstrevend mens** bent, en dat je deze vooruitstrevendheid op iedereen overbrengt die met je te maken krijgt.

Doe dit zelfs op de mensen met wie je in een sociale omgeving te maken krijgt, zonder enige economische connectie, en aan wie je niets probeert te verkopen. Geef ze de gedachte aan groei mee.

Je kunt deze gedachte overbrengen door het onwankelbare geloof in jezelf dat jij zelf op deze weg van groei en ontwikkeling bent. En ook door elke handeling die je uitvoert door dit geloof te laten inspireren. Doe alles met de vaste overtuiging dat je een mens bent die vooruitgang maakt, en dat je deze vooruitgang aan iedereen die met je te maken heeft, doorgeeft.

Beleef dat je rijk wordt, en dat je door dit te beleven anderen ook rijk maakt en iedereen goed doet. Schep niet op over je succes. Spreek er ook niet onnodig over. Waar geloof heeft geen grootspraak nodig. Wanneer je ook maar een persoon tegenkomt die bluft en opschept, je zult altijd kunnen ontdekken dat hij heimelijk angst heeft en onzeker is. Ervaar gewoon je geloof en laat dit doorwerken in al je daden.

Laat al je daden, je uitdrukking en je stem de rustige overtuiging uitstralen dat je rijk wordt, dat je rijk bent. Woorden zijn niet nodig om dit aan anderen over te brengen. Zij zullen het gevoel van overvloed in jouw aanwezigheid ervaren, en zich opnieuw tot je aangetrokken voelen. Je kunt anderen op deze manier zo beïnvloeden dat zij menen door met jou om te gaan er zelf ook op vooruit te gaan.

Let er op dat je ze een grotere gebruikswaarde terug geeft, dan je ze in cashwaarde afneemt. Wees er trots op dit altijd te doen, en laat iedereen dit weten, zo zal je geen gebrek aan klanten hebben.

Mensen gaan daar heen waar ze vermeerdering van waarde krijgen, en de Allerhoogste, die overvloed voor iedereen wenst, en die alles weet, zal mannen en vrouwen naar je toe sturen waar je nog nooit van hebt gehoord. Je bedrijf zal snel groter worden, en je zult verbaasd staan over de onverwachte meevallers die je ten deel vallen. Van dag tot dag zal je grotere zaken kunnen doen, grotere voordelen zeker kunnen stellen, en, als je dat wenst, meer aanverwante zaken kunnen behartigen. Maar terwijl je al deze dingen doet, moet je geen moment het beeld voor ogen verliezen van wat je wilt, of je geloof erin verliezen, of je vastberadenheid om er te komen laten verzwakken.

Laat me je hier nog een andere waarschuwing geven met betrekking tot je beweegredenen. Houd je verre van de verraderlijke verleiding om macht over andere mensen te hebben. Er is niets zo plezierig voor de onontwikkelde of ten dele ontwikkelde geest, dan om macht over anderen te hebben.

Het verlangen naar zelfzuchtige bevrediging van macht over anderen is een vloek over de wereld. Sinds onheuglijke tijden zijn er koningen en heersers geweest die de aarde met bloed doordrenkt hebben in hun honger naar de vergroting van hun macht. Dit heeft niets te maken met de vermeerdering van leven voor iedereen, maar alleen met egoïstische verlangens naar meer macht. Vandaag de dag geldt ditzelfde motief ook voor de zaken- en industriële wereld. De mensheid voert haar legers van dollars aan, en verlamt zo de harten en levens van miljoenen mensen in hun gekmakende gegraai naar macht over anderen. Commerciële en politieke koningen worden gedreven door hun honger naar macht. Jezus zag in dit verlangen naar overheersing de achterliggende aansporing van het kwaad dat hij juist bestreed. Lees het drieëntwintigste hoofdstuk uit het boek Mattheüs, waarin hij het verlangen van de Farizeeërs ziet om meester genoemd te worden. Het verlangen om hoge bestuursposten te bekleden, om anderen te domineren, anderen die minder bedeeld zijn, te belasten. En zie hoe hij deze wellust naar overheersing vergelijkt met de broederlijke zoektocht naar het goede voor iedereen. Dit laatste verlangde Hij van zijn discipelen. Kijk uit voor het verlangen om autoriteit te zijn, een meester te zijn, om beschouwd te worden als iemand die boven de massa staat, anderen te willen imponeren met uiterlijk vertoon.

De geest die overheersing over anderen zoekt bevindt zich op het competitie niveau, en deze geest is ver van de creatieve geest. Om je omgeving en je lot te beheersen is het helemaal niet nodig dat je de baas bent over de andere mensen. Als je in de wereldse race om macht verzeild raakt, zal je zeker getroffen worden door het lot en je omgeving. En de manier waarop je rijk wordt, zal dan een speculatieve en onbetrouwbare zaak worden. Houd je ver van de concurrerende geest.

Er kan geen betere stelling voor dit principe bedacht worden dan door de 'gouden regel van Toledo Jones' namelijk: "Wat ik voor mezelf wil, wil ik voor iedereen."

Noot van de vertaler: Samuel M. Jones, 3 augustus 1846 – 1904, was van 1897 tot aan zijn dood in 1904 burgemeester van Toledo. In zijn werk, hij was een succesvol zakenman, en in zijn politieke carrière hield hij zich aan de "golden rule": behandel anderen zoals je zelf behandeld wilt worden, en vroeg aan zijn werknemers en burgers van de stad Toledo dit ook te doen.

Jones stichtte gratis kinderopvang en openbare parken. Hij stelde de achturige werkdag in voor mensen die in de stad werkten, gratis rechtshulp, minimumloon en "profit sharing" voor fabrieksarbeiders. Hij hervormde het stadsbestuur.

Hoofdstuk 15

De vooruitstrevende mens

Wat ik je in het laatste hoofdstuk heb verteld, geldt evenzeer voor mensen met een vrij beroep, mensen in loondienst of mensen die een commercieel beroep hebben. Het maakt niet uit wat je beroep is, arts, leraar, ambtenaar, wat voor beroep ook. Als je anderen het toenemen van leven kunt laten zien, en hen hiervan ook bewust maakt, dan zullen ze zich tot jou wenden, en wordt je rijk.

De arts die zich een beeld van zichzelf voor ogen kan houden, waarin hij een groot en succesvol genezer is, en die naar dat beeld toewerkt volgens de beschreven methode - met onwankelbaar geloof en overtuiging - zal in zo'n innige verbinding met de Bron van al het leven komen te staan, dat hij groot succes zal hebben. Patiënten zullen in drommen naar hem toe komen. Niemand heeft meer kans om het effect van de methode uit dit boek te laten zien dan mensen die in de gezondheidszorg werken. Het maakt niet uit tot welke school je behoort, want het principe achter de genezing is altijd hetzelfde en kan door elk van hen bereikt worden. De vooruit-strevende mens in de gezondheidszorg, die een duidelijk beeld van zichzelf als succesvol genezer voor ogen houdt, en die zich houdt aan de wetten van geloof, doelgerichtheid en dankbaarheid, zal elke ziekte die te genezen is, genezen, wat de methodes die hij gebruikt ook zijn.

Op religieus gebied heeft de wereld een dringende behoefte aan voorgangers die hun toehoorders over de werkelijke kennis van overvloed vertellen. Hij die alle details van de kennis om rijk te worden beheerst, samen met de aanverwante kennis van welzijn, volledig zijn, liefdevol zijn, en die deze kennis grondig vanaf de kansel zal doorgeven, zal nooit gebrek aan toehoorders hebben. Dit is het evangelie dat de wereld nodig heeft, het is leven gevend, de mensen zullen het graag willen horen, en ze zullen degene die hun deze kennis doorgeeft gul bijstaan.

Het is nodig dat deze kennis niet alleen vanaf de kansel gedemonstreerd wordt. We willen predikers die het niet alleen verkondigen maar het ons ook door hun eigen leven kunnen laten zien. We hebben predikers nodig die zelf rijk, gezond, gelukkig en liefdevol zijn, om ons te kunnen laten zien hoe we dit moeten bereiken. En als er zo iemand is dan zal hij een grote gemeente van trouwe volgelingen hebben. Hetzelfde geldt ook voor de leraar die kinderen ertoe kan inspireren het vooruitstrevende leven met geloof en vastberadenheid te omarmen. Deze leraar zal nooit zonder werk zijn. Elke leraar die dit geloof en deze overtuiging zelf heeft kan dit aan zijn leerlingen doorgeven. Het kan niet anders of hij geeft dit door als het deel uitmaakt van zijn eigen leven.

Wat waar is voor de leraar, prediker en genezer, is ook waar voor de advocaat, tandarts, makelaar in onroerend goed, verzekeringsagent – het geldt voor alle beroepen. De combinatie van mentale kracht en persoonlijk handelen is onfeilbaar, het kan niet falen. Ieder mens die standvastig en vasthoudend deze instructies letterlijk uitvoert, zal rijk worden. De wet van het toenemen van Leven is net zo'n wiskundige zekerheid als de wet van de zwaartekracht. Rijk worden is een exacte wetenschap. De man in loondienst zal dit in zijn geval even waar vinden als de hierboven genoemde beroepsmensen.

Denk niet dat je geen kans hebt om rijk te worden als je ergens werkt waar geen zichtbare gelegenheid voor vooruitgang is, waar de lonen klein zijn en de kosten hoog. Vorm je een helder beeld van wat je wilt bereiken, en begin dan vol geloof en overtuiging te handelen. Doe al het werk dat op een dag gedaan kan worden, en doe elke taak op een perfecte succesvolle manier. Gebruik al je mentale kracht en je daadkracht om rijk te worden. Maar doe dit niet met de gedachte om je werkgever te vleien, hopend dat hij je goede werk zal opmerken en je daarom op een gunstiger plek zal zetten. Het is niet waarschijnlijk dat hij dat doen zal. De man die voornamelijk een "goede werker" is, die zijn plaats zo goed mogelijk invult en er tevreden mee is, is waardevol voor zijn werkgever. Het is niet in het belang van de werkgever om hem dan over te plaatsen. Hij is meer waard op de plek waar hij zich nu bevindt.

Om vooruitgang te verzekeren is er meer nodig dan je plaats méér dan goed in te vullen. De man die er zeker van is vooruit te gaan, is degene die 'te groot' is voor zijn plaats, en die een helder idee heeft van wat hij wil worden, die weet dat hij dit kan worden, en die vastbesloten is dat ook te worden.

Probeer niet om je plaats meer dan goed in te vullen met de bedoeling je baas te plezieren. Doe het met de gedachte om vooruit te gaan. Houd het geloof en de overtuiging van groei vast gedurende, voor, en na je werk. Doe dat op zo'n manier dat iedere persoon met wie je in aanraking komt, of dat nu je baas, een medewerker of iemand uit je sociale omgeving is, de vastbesloten kracht kan voelen die je uitstraalt. Zodoende kan iedereen een gevoel van vooruitgang en groei door jou voelen. Mensen zullen zich op deze manier tot je aangetrokken voelen, en als er in je huidige baan geen vooruitgang meer mogelijk is, zal je weldra de kans op een andere baan krijgen.

Er is een kracht die nooit verzaakt om kansen te bieden aan de vooruitstrevende mens die leeft in gehoorzaamheid aan deze wet. God kan je niet helpen jezelf te helpen. Als je echter 'op de juiste wijze handelt', moet hij je helpen, om Zichzelf te helpen. Er is niets in je omstandigheid of in de economische situatie dat je tegen kan houden. Als je niet rijk kunt worden door in de staalindustrie te werken, dan kun je het wel op een boerenbedrijf met 10 hectare land. En als je begint vooruit te gaan door op 'de juiste wijze te handelen' zal je zeker aan de knellende banden van de staalindustrie kunnen ontsnappen en je boerenbedrijf, of wat je ook maar wilt, tot stand kunnen brengen.

Als een paar duizend man zo zouden beginnen te handelen, zou de staalindustrie er binnen onafzienbare tijd slecht voorstaan. Het zou zijn mensen meer kansen moeten bieden om vooruitgang te maken, of anders moeten ophouden te bestaan.

Niemand hoeft voor een grote onderneming te werken. Ondernemingen kunnen hun werknemers alleen in zo'n hopeloze situatie houden als de werknemers te dom zijn om van de wetenschap om rijk te worden te horen, of er te lui voor zijn om het te praktiseren.

Begin er mee om zo te handelen en te denken, en je geloof en vasthoudendheid zullen je snel naar kansen voor een betere situatie leiden. Zulke kansen zullen zich snel aandienen, want de Allerhoogste, werkend door het Al, en werkend voor jou, zal je deze kansen presenteren. Wacht niet op een kans die je in één keer bij je verlangde doel brengt, maar grijp de voor jou aantrekkelijke kans die je gelegenheid geeft om een plaats in te nemen die groter is dan je vorige plaats. Dit zal je eerste stap naar betere kansen zijn. Er is voor de man die vooruit wil nooit gebrek aan kansen in het universum.

Het is in de aard van de kosmos besloten dat alles voor deze mens er is, en alles zal samenwerken voor zijn goed. Hij zal zeker rijk worden als hij denkt en handelt 'op de juiste wijze'. Laat dus alle mensen in loondienst dit boek met grote aandacht bestuderen en ernaar beginnen te handelen. Dit zal zeker slagen.

Hoofdstuk zestien

Enige waarschuwingen en conclusies

Veel mensen zullen het idee dat er een wetenschap om rijk te worden is, verwerpen, omdat zij ervan overtuigd zijn dat de voorraad eindig is. Zij zullen er op staan dat regeringen en sociale instellingen eerst moeten veranderen, voordat ook maar een klein aantal mensen dit kan gaan doen. Maar dat is niet waar.

Het is waar dat bestaande regeringen de massa in armoede houden, maar dat is omdat de massa niet denkt en handelt 'op de juiste manier'. Als de massa zich begint te ontwikkelen zoals in dit boek beschreven staat, kunnen noch de regeringen noch het industriële systeem ze tegenhouden, en alle instanties zullen mee moeten veranderen. Als de mensen een vooruitstrevende geest hebben, het geloof hebben in hun mogelijkheid om rijk te worden en voort gaan met het vastbesloten doel rijk te worden, dan kan echt niets ze daarin tegenhouden.

Individuen kunnen op elk moment, onder elke regering, besluiten om deze weg te gaan bewandelen, en als tijdens een bepaalde regering genoeg individuen dit gaan doen dan zullen ze hiermee deze regering zo veranderen dat de weg open is voor anderen.

Hoe meer mensen er rijk worden op het niveau van competitie, hoe erger het is voor de andere mensen. Hoe meer mensen rijk worden op het creatieve niveau, hoe beter het is voor alle andere mensen. De economische bevrijding van de massa kan alleen bewerkstelligd worden door een grote groep mensen die zich aan de in dit boek beschreven methode houden en hierdoor rijk worden. Dit zal anderen de weg wijzen en ze inspireren tot een verlangen voor het echte leven, met het geloof dat dit bereikt kan worden en de vastbeslotenheid om het te bereiken.

In de huidige situatie is het echter voldoende dat je beseft dat noch de regering die boven je staat, noch het kapitalistische systeem, noch de competitie-mentaliteit in de industrie, je ervan kan weerhouden om rijk te worden. Als je eenmaal op het creatieve niveau van denken bent aanbeland, dan rijs je boven deze dingen uit en behoor je tot een ander koninkrijk. Onthoud dat je je gedachten op het creatieve niveau moet blijven houden, je zult op geen enkel moment betrapt moeten kunnen worden op gedachten van twijfel over de voorraad, of er genoeg is voor iedereen, of op handelingen die voortkomen uit het morele niveau van competitie. Wanneer je terugvalt op de oude manier van denken, corrigeer jezelf dan onmiddellijk, want als je je op het competitie niveau bevindt, heb je alle medewerking van de Geest van Al wat Is, verloren.

Verspil geen tijd aan het bedenken van maatregelen voor toekomstige rampzaligheden, doe dat alleen als deze maatregelen je huidige leven ook beïnvloeden. Van belang is dat je het werk van vandaag op een zo'n perfect mogelijke, succesvolle manier uitvoert. Het is van geen belang dat je je bezighoudt met eventuele problemen van morgen. Daar kun je voor zorgen op het moment dat ze komen. Houd je niet bezig met vragen over het overkomen van moeilijkheden in je werkplan, tenzij je duidelijk ziet dat je koers veranderd moet worden om ze te vermijden.

Het maakt niet uit hoe onoverkomelijk een probleem er vanuit de verte mag uitzien, je zult zien dat als je 'via de juiste weg' gaat, deze problemen als vanzelf gaan verdwijnen, of dat er een duidelijke weg zichtbaar wordt om ze te omzeilen, of er doorheen te komen.

Er is geen enkele combinatie van omstandigheden die iemand die volgens de strikt wetenschappelijke manier rijk wordt, hiervan af kan houden. Geen enkele man of vrouw die zich aan de Wet houdt, kan mislukken in het rijk worden, net zomin als iemand zich erin kan vergissen dat twee maal twee vier is. Laat je geest geen enkele angstige gedachte produceren over mogelijke rampen, hindernissen, paniektoestanden of niet wenselijke combinaties van omstandigheden, daar is tijd genoeg voor als zulke toestanden zich direct aan je voordoen Dan zal je ook merken dat elke tegenvaller de oplossing al in zich draagt.

Let op je woorden. Spreek nooit op een ontmoedigde, of ontmoedigende toon over je zaken, of over jezelf. Geef nooit toe aan de mogelijkheid tot falen en spreek nooit op zo'n manier dat falen een mogelijkheid is. Spreek nooit over moeilijke tijden, of over twijfelachtige omstandigheden. De tijden kunnen hard zijn, en de business twijfelachtig voor mensen die op het niveau van competitie handelen. Maar dit kan voor jou onmogelijk het geval zijn omdat jouw bewustzijn voorbij angst is, en je zo kunt creëren wat je wilt.

Als anderen een moeilijke tijd hebben en geen mogelijkheden, dan zal jij je grootste kansen tegenkomen.

Train jezelf erin om te denken en tegen de wereld aan te kijken als iets dat in Wording is, groeiende is, en zie het zogenaamd kwade alleen als iets dat onderontwikkeld is.

Spreek altijd in termen van vooruitgang; wanneer je dat nalaat ontken je je geloof, en als je dat doet verdwijnt je geloof.

Sta jezelf nimmer toe teleurgesteld te zijn. Je verwachtte een bepaald ding op een bepaalde tijd, en als dit uitblijft komt het op je over als een mislukking. Maar als je vasthoudt aan je geloof zal blijken dat die mislukking slechts van tijdelijke aard is. Ga gewoon door volgens 'de juiste weg' en als je dat bepaalde ding niet krijgt, zal je iets ontvangen wat nog veel beter is. Zo is de mislukking in feite een groot succes.

Een student van deze wetenschap had het in zijn hoofd gezet om een bepaalde zakencombinatie tot stand te brengen. Iets wat hem op dat moment geweldig leek. Hij werkte hier een tijd aan en toen de tijd kwam dat er iets tot stand had moeten komen, mislukte het plan op een onbegrijpelijke manier. Het was alsof een onzichtbare kracht alles in werking had gesteld om hem tegen te houden. Hij was echter niet teleurgesteld, integendeel, hij dankte God dat zijn wens niet was uit gekomen, en ging dankbaar verder. Na een paar weken deed er zich zo'n geweldige kans voor dat hij nooit en te nimmer de eerst deal had willen doen. Dit was het moment dat hij inzag dat een grotere Geest hem behoed had voor de veel kleinere kans, zodat hij vrij was om de grotere kans te pakken.

Dit is de manier waarop elke zogenaamde mislukking voor je uit zal werken. Als je een onwankelbaar geloof en een onwrikbare vasthoudendheid ten opzichte van je doel hebt, dankbaar bent, elke dag doet wat gedaan kan worden, elke daad op een perfecte succesvolle manier, dan werken al je zogenaamde mislukkingen in je voordeel.

Als je een fout maakt, is dat omdat je niet genoeg gevraagd hebt. Ga door en iets wat groter is dan je gevraagd hebt, zal zeker op je pad komen. Onthoud dit. Je zult niet falen omdat je het nodige talent mist om te doen wat je wilt. Als je doorgaat op de manier zoals ik je aangewezen heb, dan zal je al het noodzakelijke talent ontwikkelen dat nodig is om het werk ten uitvoer te brengen.

Het ligt niet in de lijn van dit boek om de wetenschap om talent te ontwikkelen te behandelen, maar het is even eenvoudig als het proces om rijk te worden.

Desondanks moet je niet overmand worden door twijfel als je in een bepaalde situatie komt waarin je denkt niet genoeg talent ten toon te kunnen spreiden. Ga gewoon door, op het moment dat je er bent, zal het talent om er mee om te gaan, meekomen. Dezelfde Bron die er voor zorgde dat een onontwikkeld man als Lincoln het grootste werk kon leveren dat ooit één enkele man in een regering kon bewerkstelligen, is er ook voor jou. Je kunt uit alle beschikbare geestkracht putten die nodig is om de taak die voor jou gesteld is, uit te voeren. Handel in vol vertrouwen.

Bestudeer dit boek. Laat het je constante metgezel zijn, tot je je alle ideeën die er in staan beschreven, eigen hebt gemaakt.

Terwijl je jezelf stevig in dit geloof verankert, doe je er goed aan om alle andere pleziertjes en ontspanningen op te geven, en je verre te houden van plaatsen waar het tegenovergestelde wordt beweerd en verkondigd. Lees geen pessimistische literatuur of boeken waarin het tegenovergestelde wordt beweerd. Lees heel weinig, alleen de in het voorwoord aanbevolen schrijvers. Besteed het grootste deel van je vrije tijd met het overdenken van je toekomstbeeld, het ontwikkelen van je dankbaarheid en het lezen van dit boek. Het bevat alles wat je weten moet over de wetenschap om rijk te worden.

Alle essentiële punten worden in het volgende hoofdstuk nog eens op een rij gezet.

Hoofdstuk zeventien

Samenvatting van de wetenschap om rijk te worden

Er is een Intelligente Substantie waarvan en waardoor alles is gemaakt en die in zijn oorspronkelijk toestand het gehele universum doordringt en die alle ruimte in het universum vult.

Een gedachte in deze substantie brengt de vorm voort die door deze gedachte is voorgesteld.

De mens kan met zijn geest dingen vormen en door zijn gedachten in de Vormloze Substantie in te prenten, worden deze dingen gecreëerd.

Om dit te kunnen doen moet de mens zich uit de concurrerende staat van de geest verheffen tot de creatieve geest, anders kan hij niet in harmonie zijn met de Vormloze Intelligentie, die altijd creatief is en nooit concurrerend.

De mens kan in totale harmonie met de Vormloze Substantie komen door op een echte, levende, welgemeende manier dankbaar te zijn voor de zegeningen die hem al ten deel zijn gevallen.

De mens moet een heldere en duidelijke mentale voorstelling hebben van de dingen die hij wil hebben, wil doen en wil zijn, en hij moet deze dingen in zijn geest vasthouden, terwijl hij intens dankbaar is dat al zijn verlangens hem zijn toegevallen.

De mens die rijk wenst te worden moet al zijn vrije uren besteden aan contemplatie van zijn visie, terwijl hij diep dankbaar is dat deze realiteit hem gegeven is. Er kan niet teveel nadruk gelegd worden op het belang van het steeds weer aandachtig gericht zijn op het mentale plaatje van wat hij voor zich zelf ziet, gekoppeld aan een onwrikbaar geloof en devote dankbaarheid.

Dit is het proces waarmee de indruk wordt doorgegeven aan de Vormloze Substantie en dat de creatieve krachten in gang zet.

De creatieve energie werkt door middel van de al bestaande en gangbare middelen van natuurlijke groei en door de industriële, maatschappelijke en sociale orde.

Alles wat in het mentale plaatje van de mens aanwezig is zal hem zeker gebracht worden als hij de hierboven genoemde instructies opvolgt en niet twijfelt in zijn geloof. Wat hij wil zal hem door de al bestaande mogelijkheden toekomen.

Om datgene te kunnen ontvangen wat de mens toekomt, moet hij actief zijn. En deze activiteit kan er alleen uit bestaan dat hij zijn huidige toestand volledig invult.

Hij moet zich herinneren dat hij rijk wordt door de realisatie van zijn mentale voorstelling. En hij moet elke dag doen wat hij kan, er voor zorgend dat hij alles op de best mogelijk manier doet.

Hij moet er voor zorgen dat hij iedereen een meerwaarde in gebruik terug geeft voor wat hij cash ontvangen heeft, zodat elke transactie voor meer leven zorgt.

Hij moet de voortdurende gedachte hebben dat de indruk van welvaart aan iedereen met wie hij in contact komt wordt doorgegeven.

Iedereen die dit praktiseert zal zeker rijk worden, en de rijkdom die hij zal ontvangen zal in exacte verhouding zijn tot de helderheid en duidelijkheid van zijn visie, zijn vastbesloten overtuiging, zijn standvastig geloof en de intensiteit en diepte van zijn dankbaarheid.

Einde